La Luz de la Sabiduría

© 2015 The Kabbalah Centre International, Inc.
Todos los derechos están reservados.

Ninguna parte de esta publicación puede ser reproducida o transmitida en ninguna forma o por ningún medio, electrónico o mecánico, incluyendo fotocopiado, grabado, xerografiado o cualquier otro almacenaje de información o sistema de recuperación, sin la previa autorización escrita por parte del editor.

Kabbalah Centre Publishing es una DBA registrada de:
Kabbalah Centre International, Inc.

Para más información:
The Kabbalah Centre
155 E. 48th St., New York, NY 10017
1062 S. Robertson Blvd., Los Angeles, CA 90035

Primera edición en inglés: agosto 2015
Primera edición en español: julio 2019

Número gratuito en Estados Unidos: 1 888 806 3045
Otros números de contacto: es.kabbalah.com/ubicaciones

es.kabbalah.com

ISBN: 978-1-57189-956-9

Diseño gráfico: Shlomit Heymann
Diseño: HL Design (Hyun Min Lee)
www.hldesignco.com

La Luz de la Sabiduría

Sobre la sabiduría, la vida y la eternidad

Rav Yehuda Áshlag

Editado por Michael Berg

Tabla de contenidos

Introducción

Capítulo 1: Una Vasija para contener la bendición
    Paz y fortaleza 4
    Interno y externo 6
    El PaRDéS — *Peshat, Rémez, Derash, Sod* 6
    Poción de vida y poción de muerte. 8

Capítulo 2: Ocultamiento temporal
    Difundir la Sabiduría de la Kabbalah. 10
    Sin condiciones previas 12

Capítulo 3: Mundo variado
    Inanimado, Vegetal, Animal y Hablante (Humano) 14
    Las masas, los ricos, los héroes y los sabios. 16
    Codicia y Honor 18
    Envidia (Celo) 20
    El poder benéfico y el poder dañino son lo mismo. 20
    Dos mundos: el materialista y el espiritual. 22

Capítulo 4: La revelación de la Sabiduría en los tiempos del Mesías
    Ocultar la Sabiduría. 26
    Abrir las Fuentes de la Sabiduría 28
    Abrir las Puertas de la Kabbalah 28
    La perfección de la percepción y el conocimiento divinos. 30
    El conocimiento y la conciencia perfeccionados preceden a un cuerpo perfeccionado. 32

Capítulo 5: Las puertas de la Sabiduría están abriéndose
　No la Torá; más bien la Luz en la Torá. 36
　Una generación que es enteramente inocente o culpable. 38
　Sin temor ni preocupación. 38
　"No he añadido nada a las palabras de mis maestros" 40

Capítulo 6: El Pensamiento de la Creación
　Una torre llena de bienes 44
　Esperar a que los visitantes lleguen. 46
　Satisfacer a los seres creados. 48
　Creación del Deseo de Recibir. 48

Capítulo 7: Dos caminos de redención
　Criar a nuestros hijos. 52
　El Camino de la Contrición y el Camino del Sufrimiento 54

Capítulo 8: Los Escritos del Santo Arí
　Entrar en la cámara del Rey Divino. 58
　Padre de la sabiduría pero joven en edad 60
　Orden sin lógica. 62
　Tres organizadores diferentes. 64

Capítulo 9: Dos es mejor que uno
　Las enseñanzas del Baal Shem Tov. 66
　Anhelo. 68

Capítulo 10: La Torá y el pueblo
   Un camello transportando seda 72
   Sabiduría del corazón. 74
   Aspecto interno de la Torá 76

Capítulo 11: La Divina Providencia
   Diferentes campamentos y grupos 78
   La Providencia, la que gobierna a la realidad 80
   La ilusión de la falta de Providencia 82

Capítulo 12: El patrón de la Creación (A)
   Luz Interior y Luz Circundante 86
   Uno y su opuesto. 86
   Katnut (Pequeñez) y *Gadlut* (Grandeza). 88

Capítulo 13: El patrón de la Creación (B)
   Luz Directa y Luz Retornante 92
   Realidades puras e impuras 94
   El Rompimiento de las Vasijas 96

Capítulo 14: Los argumentos de los ángeles
   Mundo al revés 100
   Sello de la Verdad 102

Capítulo 15: El Árbol del Conocimientodel Bien y el Mal
   La carencia y la necesidad crean vergüenza. 106
   El pecado de Adán. 108

Capítulo 16: La capacidad de discernir
Bueno y malo; verdadero y falso 112
Amargo y dulce 114

Capítulo 17: Las mentiras tienen alas cortas
La astucia de la Serpiente 118
Abrir los ojos 120
La intención correcta 122

Capítulo 18: Inmortalidad
Una mentira buena comienza con la verdad 126
La raíz de las adicciones 128
La Inmortalidad, gota a gota 132
La reencarnación 132

Capítulo 19: El sistema negativo de las *klipot* (cáscaras)
Dos daños 136
288 chispas de almas 136
Estampa y sello 138
La Luz del placer es la productora de la vida 140
Nivel de placer — Nivel de dolor 142
Fuente fragmentada de placer 144

Capítulo 20: Dos opuestos
De un trabajador perfecto sale una obra perfecta 148
Sobredosis 150
La razón para la realidad confusa 152
Similitud de Forma y Diferencia en la Forma 152

Capítulo 21: La temporalidad para la eternidad
    El lamento de los ángeles 156
    Un dulce comienzo con un amargo final 158
    "He comido y comeré más" 160
    La Corrección en el tiempo del Mesías. 160

Capítulo 22: Un *tsadik* viene al mundo
    Misma alma, cuerpo diferente 164
    Nosotros creamos la inmortalidad 166
    "Él es terrible en su difamación de los seres humanos". 166
    Un *tsadik* (persona justa) en cada generación 168
    Fuerzas cualitativa y cuantitativa 170

Capítulo 23: La paz es una vasija apropiada para contener la bendición
    La garantía del Creador para la inmortalidad. 174
    Padres, hijos y la bendición de la inmortalidad 174

Glosario

Introducción

Es con gran alegría que nos es posible hacer accesible este libro al público de habla hispana. Fue escrito originalmente en hebreo por el gran Kabbalista y fundador del Centro de Kabbalah, Rav Yehuda Áshlag, como una introducción a su comentario sobre el libro de Rav Yitsjak Luria titulado *El Árbol de la Vida*. El libro y el comentario originales fueron los comienzos de la revelación por Rav Áshlag.

Para recibir todo el beneficio, la Luz y la revelación que este libro tiene para ofrecer, sería beneficioso comprender el alma y la Luz de Rav Yehuda Áshlag de una manera más profunda.

Rav Áshlag escribe que hay dos tipos de profetas: un profeta mayor y un profeta menor. Explica que aunque ambos profetas reciben y transmiten el mensaje verdadero, la diferencia está en la longitud del camino revelado por el profeta. Como él escribe: "Aunque finalmente toda la verdad en la profecía es revelada con el éxito deseado, con todo, este profeta menor ha hecho que la profecía tome un camino más largo hasta la gente a quien él fue enviado con su profecía. Esto es diferente del profeta mayor cuya preparación es más completa, y quien por lo tanto no experimenta ninguna desviación cuando recibe la profecía del Creador. Por esta razón, no usa un gran número de canales y vasijas. Por consiguiente, su profecía es clara y concisa, y es fácil y rápidamente adoptada por aquellos a quienes él fue enviado. Supongamos, por ejemplo, que su profecía es enviada a cien personas; si esta pasa por un largo camino, puede traer a término solamente a una persona en una generación, y si es así, entonces la duración de su profecía será de cien años. Si toma una ruta más corta, evidentemente traerá treinta o cincuenta personas a término en una generación, y obviamente su profecía se completará dentro de unos cuantos años solamente" (*Sobre la paz mundial*, página 108).

Introducción

Aunque Rav Áshlag no escribió esto expresamente, no hay duda de que estas palabras se refieren a él y su revelación de los secretos a nuestra generación. Es comprensible, por lo tanto, que con el estudio de sus palabras hagamos uso de la vía más rápida al cambio y la conexión con la Luz del Creador. Un camino que nuestra generación necesita desesperadamente.

Rav Áshlag continúa explicando el propósito expreso de la profecía, y en verdad el propósito de su vida y enseñanzas: "El principio del éxito profético es la extensión de la Luz exaltada a aquellos que moran abajo. Y el profeta que es capaz de traer la Luz al nivel más bajo es el más exitoso" (*Sobre la paz mundial,* página 109). Esto es lo que los escritos de Rav Áshlag están destinados a revelar, a crear un camino para que toda la humanidad tenga acceso fácil a la Luz Celestial del Creador.

Los escritos de Rav Áshlag son "las enseñanzas del Mesías", lo que significa que ellos son el camino no solo para la elevación y conexión individuales sino en última instancia el camino para que la humanidad se eleve colectivamente para conectar y recibir completamente la Luz Celestial del Creador. Al final de este proceso alcanzamos el estado de eliminación del dolor, el sufrimiento y la muerte del mundo.

Es mi esperanza que la publicación de este libro y su estudio por parte tuya, el lector, traerá a cada uno de nosotros individualmente, y al mundo entero, un paso más cerca de la profecía: "y el mundo estará lleno del conocimiento del Creador como las aguas cubren el océano" (Isaías 11:9) y luego: "la muerte será tragada para siempre" (Isaías 25:8).

Bendiciones,
Michael Berg

Capítulo Uno:
Capítulo 1: Una Vasija para contener la bendición

Capítulo 1:
Una Vasija para contener la bendición

Paz y fortaleza

(1-1) Al final de [Tratado] *Uktsín*, [dice que] el Creador no encontraba ninguna otra Vasija para contener la bendición para los israelitas salvo [la Vasija de] la paz, como está dicho: "¡Que el Creador dé fortaleza a Su pueblo! ¡Que el Creador bendiga a Su pueblo con la paz!" (Salmos 29:11). Y uno debe estudiar esto profundamente. Primero, ¿dónde está la prueba de que no hay nada mejor para los israelitas que la paz? Segundo, la Escritura dice explícitamente que la paz es la bendición misma, porque acerca de la fortaleza está escrito: "dé", y acerca de la paz dice: "bendiga". Así que de acuerdo a esto ¿no debió haber dicho: "*dé* en paz"? Y tercero, ¿por qué fue puesto este dicho al final de los *Shas* (los 'seis órdenes' de la Mishná)?

(1-2) Debemos también entender el significado de las palabras "paz" y "fortaleza" así como su importancia. Para explicar este dicho de acuerdo con su significado real, debemos andar por un largo camino. Esto es porque la profundidad del corazón de los sabios de la *Agadá* (*Libro de las Homilías*) es insondable. Por lo tanto, el autor de *Afikéi Yehuda* tenía razón cuando dijo en su explicación de las palabras de nuestros sabios en el pasaje: "aléngrenme con torta de pasas" (Cantar de los Cantares 2:5) que se refiere a la *Halajá* (reglas bíblicas), en tanto que "alégrenme con manzanas" (ibid.) se refiere a la *Agadá*. Y nuestros sabios dijeron que en todos los asuntos de la Torá y los Preceptos, hay de las dos: capas Reveladas y Ocultas, como está dicho: "La palabra dicha a su tiempo es como manzanas de oro en guarnición de plata" (Proverbios 25:11).

פרק 1:
כלי של ברכה

שלום ועוז

(1-1) בשלהי [מסכת] עוקצין [כתוב], לא מצא הקב"ה כלי מחזיק ברכה לישראל אלא השלום, שנאמר (בספר תהילים כ"ט, י"א): ה' עוז לעמו יתן ה' יברך את עמו בשלום. ויש להשכיל בו רבות, [שאלה] א', מאין הוכיחו שאין יותר טוב לישראל מהשלום. [שאלה] ב' שבהכתוב מפורש שהשלום היא הברכה בעצמה, שכתוב נתינה בעוז וברכה בשלום ולדבריהם הי' היה לו לומר נתינה בשלום. [שאלה] ג', למה נתחבר מאמר הזה לסיום הש"ס שישה סדרי [משנה].

(2-1) גם צריך להבין פי' פירוש המלות דשלום ועוז, והורתם. וכדי לפרש מאמר הזה על תכנו האמיתי, מוכרחין אנו לבוא בדרך ארוכה. כי עומק לב בעלי הגדה לאין חקר. ובצדק דיבר הרב בעל [מחבר ספר] אפיקי יהודא ז"ל, בפי' בפירוש דברי חז"ל. על הפסוק (שיר השירים ב', ה'), 'סמכוני באשישות' אלו הלכות, 'רפדוני בתפוחים' אלו הגדות, ופי' ופירשו [חכמינו] ז"ל, כי כל ענייני התורה והמצוה, יש בהם נגלה ונסתר, כמוש"כ כמו שכתוב תפוחי זהב במשכיות כסף דבר דבר על אופניו (משלי כ"ה, י"א).

CAPÍTULO UNO:
CAPÍTULO 1: UNA VASIJA PARA CONTENER LA BENDICIÓN

Interno y externo

(1-3) Verdaderamente, la *Halajá* (reglas bíblicas) se parece a copas de plata para servir vino. Cuando alguien da a su amigo vino en una copa de plata como un obsequio, ambos, lo que está dentro y lo que está fuera, son importantes. Esto es porque la copa también tiene valor en sí misma, al igual que el vino que contiene. Pero este no es el caso con la *Agadá* (*Libro de las Homilías*). La *Agadá* es como una manzana, cuya parte interna es comida y la parte exterior es desechada.

(1-4) Esto es porque la parte externa no tiene ningún valor; el valor total se encuentra en la parte interna y el centro. Y lo mismo se aplica a las palabras de la *Agadá*, ya que su aspecto literal y obvio [esto es: lo externo] no tiene significado ni valor alguno; en realidad, la única parte valiosa es la interna que está oculta dentro de las palabras, las cuales están basadas únicamente en la Sabiduría de la Verdad que es dominada [lit. dada a] por solamente los pocos selectos (fin de la cita [de Afikéi Yehuda], con algunos cambios de palabras).

El PaRDéS — *Peshat, Rémez, Derash, Sod*

(1-5) ¿Quién se atrevería a sacar esto del corazón de las masas e investigar sus caminos porque su entendimiento no es completo aun en los dos aspectos de la Torá mencionados como *Peshat* (Literal) y *Derash* (*Alegórico*)? El orden, de acuerdo con las masas, en el cual los cuatro niveles de la Torá —el *PaRDéS* [*Peshat* (literal), *Rémez* (inferencia lógica), *Derash* (alegórico) y *Sod* (secreto)— deben ser estudiados es [que] el entendimiento del *Peshat* [llega] primero, después el *Derash*, luego el *Rémez* y al final todos entenderán el *Sod*.

(1-6) Pero hemos encontrado en el *Sidur* (libro de oraciones) del Gaón de Vilna, Rav Eliyahu, que el *Sod* es el nivel del cual parte el entendimiento

חיצוניות ופנימיות

(1-3) אומנם ההלכות דומין לאשישי יין, אשר הנותן לחבירו מתנה גביע כסף עם יין, הרי תוכו וברו שניהם חשובים, שהרי גם הגביע יש לו ערך בפני עצמו, כמו היין שבתוכו, משא״כ מה שאין כן ההגדות, המה נמשלים לתפוחים, שתוכו נאכל וחיצוניותו נזרקת.

(1-4) שאין להחיצוניות ערך של כלום, ונמצא כל הערך והחשיבות רק בהפנימיות והתוך. וכן בדברי הגדה אין בהפשטיות הנראה לעינים שום מובן וחפץ, זולת בתוכן הפנימי הגנוז בהדברים, שאינם נבנים אלא על אדני חכמת האמת, המסור ליחידי סגולה, עכ״ל. עד כאן לשונו [של אפיקי יהודה] בשינוי לשון.

פשט, רמז, דרש, סוד

(1-5) ומי יהין להוציא זה מלב ההמון, ולברר דרכיהם, שאין השגתם שלימה גם בשני חלקי התורה הנק׳ הנקראים פשט ודרוש. אשר סדר ד׳ חלקי התורה פרד״ס פשט, רמז, דרש, סוד לפי דעתם, שמתחילה מבינים הפשט, ואח״כ ואחר כך הדרוש ואח״כ ואחר כך הרמז, ובסוף הכל מבינים הסוד.

(1-6) אמנם איתא מובא, בסידור הגר״א הגאון רבי אליהו [מווילנא] ז״ל שתחילת ההשגה מתחלת מהסוד, ואחר שמשיגין חלק הסוד שבתורה, אפשר להשיג חלק הדרוש

apropiado, y [solamente] después de que estos secretos de la Torá son obtenidos podemos percibir el *Derash*. Después de eso, podemos percibir el nivel de *Rémez*, y solo después de que merecemos completarnos y dominar estos tres aspectos de la Torá podemos merecer percibir el aspecto de *Peshat* de la Torá (fin de sus palabras).

Poción de vida y poción de muerte

(1-7) Y esto es lo que nuestros sabios quisieron decir cuando dijeron en Tratado *Taanit* (7a): "Si una persona merece, esto se vuelve una poción de vida; si una persona no merece, esto se vuelve una poción de muerte" (fin de la cita). Se necesita gran mérito para entender el significado literal del texto, dado que estamos obligados a comprender los tres aspectos de [la parte] interior [de la] Torá que están vestidos con el *Peshat* (Literal) primero; de otro modo, [las cubiertas de] el *Peshat* (Literal) no pueden ser *yufshat* (hechas más simples, también develadas).

(1-8) Si una persona no ha merecido todavía este [entendimiento], entonces se requiere una gran cantidad de misericordia para que la Torá no se vuelva una poción de muerte para esa persona, el Cielo no lo permita. Esto es lo opuesto de las alegaciones de aquellos que son negligentes en percibir la parte interna, ya que se dicen a sí mismos: "Estamos satisfechos con captar el *Peshat*, ¡y sí que deseamos poder entenderlo!, porque entonces estaríamos felices y contentos". Sus palabras son como aquellas de alguien que desea subir al cuarto escalón [de la escalera] sin subir los tres primeros escalones.

ואח"כ ואחר כך חלק הרמז ואחר שזוכה האדם להשתלם בג' חלקי התורה האלו על בוריים, אז זוכה להשיג חלק הפשט שבתורה ע"כ עד כאן.

סם חיים וסם המוות

(1-7) והיינו דאמרו [חכמינו] ז"ל במסכת תענית (דף ז', עמוד א') זכה נעשה לו סם חיים לא זכה נעשה לו סם מות ע"כ עד כאן. כי לזכיה גדולה אנו צריכים להבין בפשטי המקראות. להיותינו מחוייבים להשיג מקודם ג' החלקים שבפנימיות התורה, אשר הפשט מלביש אותם, והפשט לא יופשט.

(1-8) ואם עדיין לא זכה לזה, לרחמים גדולים הוא צריך שלא יהי' יהיה נעשית לו סמא דמותא סם המות ח"ו חס ושלום, ולאפוקי ולהבדיל מטענת המתרשלים בהשגת הפנימיות, ואומרים בלבם דיינו בהשגת הפשט, והלואי שנשיג אותה, והיינו שמחים בחלקינו, שדבריהם דומים למי שרוצה לעלות על המדרגה הרביעית, בטרם שיפסוע על ג' מדרגות הראשונות.

Capítulo 2:
Ocultamiento temporal

Difundir la Sabiduría de la Kabbalah

(2-1) Verdaderamente, de acuerdo con esto, debemos entender el gran ocultamiento que es usual con respecto a la parte interna de la Torá, como fue dicho en el Tratado *Jaguigá* (11b): "Uno no debe estudiar el Acto de la Creación en [un grupo de] dos, ni debe uno estudiar [la historia de] la *Mercavá* (Carroza) [siquiera] solo". Y asimismo, todos los libros que nos son accesibles sobre este tema [de la Kabbalah] están sellados y bloqueados a los ojos de las masas. Ellos no entenderían, con excepción de aquellos pocos selectos quienes son llamados por el Creador, siendo que ellos ya entienden las Raíces por sí mismos y por medio de recibir [este conocimiento de un maestro] Boca a Boca.

(2-2) Hay un gran asombro aquí en cuanto a por qué difundir esta Sabiduría [de la Verdad] y el entenderla está bloqueado para la gente [considerando que esta sabiduría] es su vida misma y la duración de sus días. Y esta [negación] sería aparentemente una transgresión criminal, que es por lo que nuestros sabios dijeron en el *Midrash Rabá* sobre Génesis respecto [al Rey] Ajaz que él fue llamado Ajaz [lit. impedir o evitar] porque evitó [la construcción de] sinagogas y escuelas espirituales, etc., y por lo tanto, su culpa era grande, etc.

(2-3) Y es una ley [universal] de la naturaleza que uno se sienta reacio a conferir a otros su fortuna y riqueza, pero ¿hay alguien que se sienta reluctante a conferir su sabiduría y entendimiento a otros? Por el contrario, "Aún más que el becerro desea ser alimentado, la vaca desea alimentar" (Tratado Pesajim, 112); cuánto más [es este el caso] cuando se trata de la Torá del Creador y Su Voluntad.

פרק 2:
הסתרה זמנית

הפצת חכמת הקבלה

(2-1) אמנם לפי"ז אלפי זה צריכים להבין ההעלמה הגדולה הנוהגת בפנימיות התורה, כמש"א כמו שאמרו [חז"ל] במסכת חגיגה [דף י"א, עמוד ב']: אין דורשין במעשה בראשית בשנים ולא במרכבה ביחיד. וכן כל הספרים המצויים לנו במקצוע הזה, חתומים וסתומים לעיני כל ההמון לא יבינו זולת השרידים אשר ה' קורא אותם, בהיותם כבר מבינים את השרשים, מדעתם, ובקבלה מפה אל פה.

(2-2) אשר הוא תמיה רבתי איך מונעים תהלוכות החכמה והתבונה מקרב העם אשר הוא כל חייהם ואורך ימיהם, ולכאורה הוא עון פלילי שע"כ שעל כן אמרו [חכמינו] ז"ל במדרש רבה, בראשית על אחז שע"כ שעל כן נקרא אחז בשביל שאחז בתי כנסיות ובתי מדרשות וכו', דע"כ שעל כן גדלה אשמתו וכו'.

(2-3) וכן חוק הטבע אשר עינו של אדם צרה, להאציל מהונו ורכושו לאחרים, אבל כלום יש לך מי שעינו צרה, מלהאציל מחכמתו ותבונתו על אחרים, ואדרבה ביותר ממה שהעגל רוצה לינוק הפרה רוצה להניק (פסחים קי"ב). ומכ"ש ומכל שכן בתורת ה' וחפצו ית'.

Capítulo Dos:
Capítulo 2: Ocultamiento temporal

Sin condiciones previas

(2-4) Verdaderamente, encontramos misterios en la sabiduría, aun entre los sabios seglares [lit. externos] de tiempos pasados. Hemos aprendido del difunto Rav Moshé Butril, en la introducción a su comentario sobre el *Séfer Yetsirá* (*El Libro de la Formación*), de un artículo de Platón, quien advierte a sus estudiantes como sigue: "No reveles esta sabiduría a alguien que no puede apreciar sus virtudes". Y Aristóteles advirtió: "No entregues sabiduría a alguien que no es merecedor de ella, por temor a que la destruyas". Además, [Rav Moshé Butril] comentó que si el hombre sabio enseña sabiduría a alguien que no la merece, destruye la sabiduría y la mutila (fin de la cita).

(2-5) Esto no es lo que los hombres sabios seglares están haciendo en nuestros tiempos. Por el contrario, están haciendo un esfuerzo por ampliar las puertas de su sabiduría para todas las masas [para que entren] sin ningunos límites ni condiciones. Y aparentemente, hay una gran controversia [ahora] con aquellos hombres sabios de antes que cerraron las puertas de su sabiduría, [permitiendo solamente a] unos pocos únicos y selectos, a quienes ellos consideraban aptos para ello [ese conocimiento, entrar], mientras que a la mayoría de las personas se les dejó ir a tientas en su camino en la oscuridad.

La Luz de la Sabiduría
Sobre la sabiduría, la vida y la eternidad

בלי תנאים מוקדמים

(2-4) אמנם כן אנו מוצאים תעלומות בחכמה, אפי' בחכמים החיצונים, בדורות שעברו. ואיתא ומובא בהקדמתו של הר"מ הרב משה בוטריל ז"ל לפירושו על ספר היצירה, מאמר בשם אפלטון שהזהיר לתלמידיו כלשון הזה "אל תמסרו החכמה למי שאינו יודע מעלתה", וכן הזהיר אריסטו "אל תמסרו החכמה למי שאין ראוי לה פן תחמסוה" והוא [רבי משה בוטריל] ז"ל פירשו, אשר אם החכם מלמד חכמה למי שאינו הגון לה, הוא חומס את החכמה ומשחיתה, עכ"ל עד כאן לשונו.

(2-5) ולא כן עושים חכמים החיצונים שבדורותינו, אלא אדרבא מתאמצים להרחיב שערי חכמתם לכל מרחבי ההמון, בלי שום גדרים ותנאים. ולכאורה יש טענה גדולה על חכמיהם הראשונים, שסגרו דלתי חכמתם על קומץ קטן מיחידי סגולה, שמצאו מוכשרים אלי' ו[את] מרבית העם עזבו לגשש קיר.

Capítulo 3:
Mundo variado

Inanimado, Vegetal, Animal y Hablante (Humano)

(3-1) Yo explicaré la situación. Se pueden distinguir cuatro clases de personas diferentes en la especie Hablante (humanidad), y están dispuestas jerárquicamente. Estas clases son: las masas, los héroes, los ricos y los sabios. Ellas son, en esencia, iguales a los cuatro niveles en el total de la realidad, los cuales son llamados: Inanimado, Vegetal, Animal y Hablante. El Inanimado tiene la capacidad de resaltar las cualidades de los otros tres niveles: Vegetal, Animal y Hablante.

(3-2) Podemos distinguir [entre estos últimos] tres niveles en términos de las fuerzas benéficas y dañinas contenidas dentro de ellos. La fuerza menos poderosa entre los tres está en el [reino] Vegetal. Aunque la planta, por medio de atraer lo que es útil para ella y rechazar lo que le es dañino, es similar a las especies humana y animal. Su dedicación a hacer esto no tiene ningún sentido particular; más bien, tiene una fuerza común general que es común en todas las plantas en el mundo, donde tal función se aplica.

(3-3) Además [del nivel Vegetal], está la especie Animal, donde todas y cada una de las criaturas tienen un sentido individual por sí mismas en términos de atraer lo que es benéfico y rechazar lo que es dañino. De esto, podemos concluir que el valor de un solo animal es igual al valor de todas las plantas en esta realidad. Esto es porque la fuerza que siente y distingue entre lo que es benéfico y lo que es dañino en la totalidad de la especie Vegetal está contenida en un animal individual que está aislado por sí mismo. Pero este poder de sensibilidad que existe en la especie Animal está limitado por el tiempo y el espacio porque no se relaciona con nada

פרק 3:
עולם רב גוני

דומם, צומח, חי, מדבר

(3-1) ואסביר הענין, כי ד' מפלגות אנו מבחינים במין המדבר, במדרגה זה על זה, שהם: המון עם, גבורים, עשירים, חכמים, והם שוים בערך, לד' מדרגות שבכלל המציאות, הנקרא דומם צומח, חי, מדבר. אשר הדומם, מוכשר להוציא ג' הסגולות, צומח, חי, מדבר.

(3-2) ואנו מבחינים ג' ערכים, בכמות הכח מהמועיל והמזיק שיש בהם. כח הקטן שבהם, הוא הצומח, כי הגם שפעולות הצמח, בקרבת המועיל שלה ובדחית המזיק לה דומה, למין האדם והחי, אמנם אין בה הרגש נבדל לעניני זה אלא כח כללי משותף לכל מיני הצמחים שבעולם, שפועל בהם מלאכה הזו.

(3-3) נוסף עליהם מין החי, שבכל ברי' בריה וברי' ובריה בפני עצמה יש הרגש פרטי לעצמו, לקרבת המועיל ולהרחקת המזיק, ויוצא לנו בזה, ערך בעל חי פרטי אחד, משתוה עם ערך כל מיני הצמחים שבמציאות כי זה כח המרגיש בברורי מועיל ומזיק, שישנם לכללות כל מין הצומח, נמצא בברי' בריה פרטית אחת ממין החי נבדל ברשותו לעצמו. והנה כח המרגיש הזה הנוהג במין החי, הוא מוגבל מאוד במקום ובזמן, להיות ההרגש אינו פועל בריחוק מקום כחוט

15

Capítulo Dos:
Capítulo 3: Mundo variado

que esté siquiera marginalmente distante de su cuerpo. [Un animal] tampoco tiene capacidad para sentir algo más allá de su propio tiempo, es decir: [en su] pasado o futuro; solamente puede sentir ese momento particular en el que está [y nada más].

(3-4) Y a esto es añadida la especie del Hablante. [Esta especie] posee el poder de sentir y el poder de razonar juntos, y por lo tanto, su poder no está limitado por el tiempo y el espacio como [está limitada] la especie Animal, [permitiendo a un humano] atraer lo que es benéfico y rechazar lo que es dañino. Esto es debido a su conocimiento que es una esencia espiritual y no está limitado por el tiempo y el espacio; [así, la especie Hablante] puede aprender acerca de todos los seres creados, dondequiera que puedan estar en el total de la realidad así como por muchos años en el pasado y el futuro.

Las masas, los ricos, los héroes y los sabios

(3-5) Y por lo tanto, vemos que el valor de un individuo de la especie Hablante es igual al valor de los poderes totales dentro de las especies Vegetal y Animal existentes en el total de la realidad en el tiempo presente, así como en todas las generaciones pasadas. Esto es porque su poder contiene [lit. rodea] las suyas, y él incluye dentro de su propia individualidad la totalidad de sus fuerzas puestas juntas.

(3-6) Esta regla también se aplica a las cuatro diferentes clases del nivel de los seres humanos, que son las masas, los ricos, los héroes y los sabios. Es seguro que todos ellos surgen de las masas, que forman la primera etapa, según [el versículo]: "Todo es del polvo" (Eclesiastés 3:20). Verdaderamente, el valor total y el derecho a existir del polvo es [derivado de] el valor de los tres niveles del Vegetal, el Animal y el Hablante que brotan de este.

השערה מחוץ לגופו, וכו' אינו מרגיש מחוץ לזמנו, כלומר, בעבר ובעתיד, אלא באותו רגע שהוא דבוק בה לבד.

(3-4) נוסף עליהם מין המדבר, המורכב מכח המרגיש וכח השכלי יחד ולפיכך אין כחו מוגבל בזמן ומקום, לקרבת המועילו ולהרחקת המזיק לו, כמו מין החי, והוא בסיבת המדע שלו, שהוא ענין רוחני, שאינו מוגבל בזמן ומקום, ויכול להשכיל בכל הבריות למקומותיהם בכל המציאות, וכן בעוברות ועתידות משנות דור ודור.

המון עם, עשירים, גיבורים, חכמים

(3-5) ונמצא ע"כ, ערך איש פרטי אחד ממין המדבר, משתוה עם ערך כללות הכחות, שבמיני הצמחים ומין החי, שישנם בכל המציאות בזה הזמן, וכן בכל הדורות שעברו, להיות כחו מקיף אותם, וכולל בפרטיותו עצמו, לכל כוחותיהם יחד.

(3-6) ומשפט הזה נוהג ג"כ גם כן בד' המפלגות שבמדרגת מין האדם דהיינו המון עם, עשירים, גבורים, חכמים, דודאי כולם באים מן המון העם, שהם הדרגה הא', ע"ד על דרך הכל הי' היה מן העפר (קוהלת ג', כ'), ואמנם ודאי כל מעלתה, וזכות קיומה של העפר, הוא לפי ערך ג' הסגולות צ. צומח, ח. חי, מדבר, שהיא מוציאה מתוכה.

(3-7) Así también, la importancia de las masas puede ser valuada según las cualidades que surgen de estas; por lo tanto, ellas, también, participan en la forma del rostro humano. Para este propósito, el Creador ha instilado en la población general las tres cualidades [lit. tendencias] llamadas Envidia (Celo), Deseo (Codicia) y Honor (Estatus), a través de las cuales las masas evolucionan, paso a paso, hasta que un ser humano completo emerge de ellas.

Codicia y Honor

(3-8) Por ejemplo, a través de la cualidad del Deseo (Codicia), ellos surgen de las masas porque los mejores —aquellos que están dotados de fuerte voluntad y deseo— se destacan en la obtención de riqueza, la cual representa el primer grado del desarrollo de las masas. Y tal como la etapa Vegetal en el total de la realidad está gobernada por fuerzas externas que después la guían a sus cualidades, así, también, el poder del Deseo en la especie Hablante [la humanidad] es una fuerza extraña, porque es prestada de la especie Animal.

(3-9) Y a través de la cualidad del [lit. la tendencia hacia el] Honor, emergen los héroes y la gente famosa. Ellos son quienes gobiernan en las sinagogas y en los pueblos, etc. Y aquellos entre ellos que tienen una voluntad y un deseo particularmente fuertes, y también una tendencia hacia el Honor, sobresalen en su habilidad para obtener el poder de gobernar y representan el segundo grado del desarrollo de las masas. Y esto es igual al nivel Animal en el total de la realidad, donde el poder que actúa dentro de ellos ya está presente en su propia esencia individual, como fue mencionado antes (3-3). Después de todo, la tendencia al Honor —y con ella el deseo de gobernar— es algo único en la especie humana, como fue dicho en la Escritura: "Tú has puesto todas las cosas bajo sus pies" (Salmos 8:7).

(3-7) כן ישוער מעלת ההמון עם, כפי הסגולות שמוציאים מתוכה, דע"כ שעל כן מתחברים גם המה בצורת פני אדם. ולמען זה, הטביע השי"ת השם יתברך, בכללות ההמון, ג' הנטיות, שנקראים קנאה, ותאוה, וכבוד, שבחמתם מתפתח ההמון דרגה אחר דרגה, להוציא מקרבו פני אדם שלם.

תאווה וכבוד

(3-8) והנה ע"י על ידי נטית התאוה, מוציאים מתוכם את העשירים, שהמובחרים מהם ברצון חזק, וגם תאוה להם, נמצאים מצטיינים בהשגת העשירות, שהמה דרגה הראשונה להתפתחות ההמון, ובדומה לדרגת הצומח, שבכלל מציאות, אשר כח נכרי מושל עליהם, להנטותם לסגולותם, שהרי כח התאוה במין האדם, כח זר הוא, ומושאל ממין החי.

(3-9) וע"י ועל ידי נטית הכבוד, מוציאים מתוכם את הגבורים אנשי השם, המה המושלים בבית הכנסת, ובעיר וכדומה, שבעלי רצון החזק שבהם וגם נטיית הכבוד להם נמצאים מצטיינים בהשגת ממשלה, והמה דרגה הב' להתפתחות ההמון, ובדומה לדרגת מין החי שבכלל המציאות, אשר כח הפועל שבהם, כבר מצוי במהותם בפני עצמם, כאמור לעיל (3-3) שהרי נטיית הכבוד, נבדלת היא למין האדם בפני עצמו, ועמה חפץ הממשלה, כמו"ש כמו שכתוב כל שתה תחת רגליו (תהילים ח', ז').

Capítulo Dos:
Capítulo 3: Mundo variado

Envidia (Celo)

(3-10) Y a través de la tendencia a la Envidia (Celo), los sabios surgen de [las masas], como dijeron nuestros sabios: "La envidia entre los escribas aumenta la sabiduría en el mundo" (Tratado Bava Batra, 21a). Esto es porque las personas de fuerte carácter que están dotadas de la cualidad de la Envidia son las que sobresalen en obtener la sabiduría y el aprendizaje; son tal como la etapa de la especie Hablante en el total de la realidad debido a que el poder activo dentro de ellos no está limitado al tiempo ni el espacio, sino que es general e incluyente con relación a todos los detalles tanto del mundo como de todos los tiempos, como se mencionó antes (3-4).

(3-11) Y esta es la naturaleza de la flama de la envidia: es incluyente y abarcadora respecto al total de la realidad y para todos los tiempos. Esta es la regla en relación con la envidia: si [una persona] no hubiera visto cierto objeto en poder de su amigo, el deseo de poseerlo no habría surgido en absoluto. Así, resulta que el sentimiento de carencia [en una persona] no brota de [su] carencia real de algo, sino de lo que sus amigos tienen, significando todos los descendientes de Adán y Eva a través de todas las generaciones. Por lo tanto, no hay límite para esta fuerza motivadora, y es por esto que es apta para su papel elevado y exaltado.

El poder benéfico y el poder dañino son lo mismo

(3-12) Verdaderamente, la razón para aquellos que permanecen sin una virtud prominente es que no tienen una voluntad fuerte y, por lo tanto, las tres cualidades previamente mencionadas están mezcladas dentro de ellos. Algunas veces están sujetos a un deseo, algunas veces son envidiosos y algunas veces desean honor. Y así, su deseo es hecho añicos, y son como niños pequeños que desean todo lo que ven pero no tienen éxito en nada.

קנאה

(3-10) וע"י ועל ידי נטיית הקנאה מוציאים מתוכם את החכמים, כמש"א כמה שאמרו ז"ל קנאת סופרים תרבה חכמה (בבא בתרא, דף כ"א, עמוד א'), שבעלי רצון חזק, ונטיית הקנאה להם, נמצאים מצטיינים בהשגת חכמה ומושכלות, ובדומה, לדרגת מין המדבר שבכלל המציאות, אשר כח הפועל שבהם, בלתי מוגבל בזמן ומקום אלא כללי ומקיף לכל פרטי העולם, ולכל הזמנים, כאמור לעיל, (3-4).

(3-11) וכן מטבע אש הקנאה הוא כללי ומקפת לכל המציאות, ולכל הזמנים כי זהו משפט הקנאה, שבאם שלא הי' היה רואה זה החפץ אצל חברו, לא הי' היה מתעורר לחשוק אלי' אליו כל עיקר, ונמצא שאין הרגשת החסרון מתוך מה שחסר לו, אלא מתוך מה שיש לחבריו, שהמה כל בני אדם וחוה, מכל הדורות, אשר ע"כ על כן, אין קצה לכח הפועל הזה, וע"כ ועל כן מוכשר לתפקידו הנשא והנעלה.

התועלת והנזק שווים בכוחם

(3-12) אמנם הנשארים בלי שום סגולה, היא, מפני שאין להם רצון חזק, וע"כ ועל כן כל ג' הנטיות הנזכרים, משמשים להם יחד בערבוביא, לפעמים מתאוים, ולפעמים מתקנאים, ולפעמים חושקים כבוד, ורצונם נשבר לרסיסים, ודומים

¡No logran nada! Por lo tanto, su valor es como el de la paja y el salvado que queda después de [la producción de] la harina.

(3-13) Es sabido que el poder benéfico y el poder dañino son la misma [fuerza]. Es decir, que así como esa fuerza es capaz de beneficiar [a una persona], así también es capaz de causar daño. Por lo tanto, debido a que un solo ser humano es más poderoso que todas las bestias y animales de todas las generaciones y todos los tiempos, como se mencionó antes (3-5), su habilidad para dañar es mayor que toda la de ellos [puesta junta].

(3-14) Por lo tanto, mientras el humano no sea apto para su elevada categoría —en la que él usará su poder solamente para propósitos benéficos—, necesita hacer restricción adicional para que no gane demasiado de la virtud de los humanos, la cual es la sabiduría y el conocimiento. Es por esta razón que los primeros hombres de sabiduría [sabios] ocultaron la Sabiduría [de la Kabbalah] de las masas, por temor a que terminaran con estudiantes ineptos que harían mal uso del poder de esta sabiduría para hacer el mal y causar daño; [verdaderamente,] podrían estallar con su deseo y ferocidad bestiales, aumentadas por su gran poder humano, y destruir al mundo entero.

Dos mundos: el materialista y el espiritual

(3-15) Y dado que ha habido un descenso en [los estándares de] las generaciones, incluyendo a los hombres de sabiduría que empiezan a sentir un deseo de ambos mundos [lit. mesas] —a saber: una buena vida [para sus inclinaciones materialistas también]— por lo tanto, sus pensamientos han empezado a acercarse a los de las masas generales, y han empezado a comerciar con ellos y han vendido la Sabiduría [de la Verdad] por "el pago de una prostituta y el precio de un perro" (Deuteronomio 23:19).

לקטנים, שכל מה שרואים חושקים, ולא יעלה בידם, מהשגה של כלום, ולפיכך יהי׳ יהיה ערכם כמו קש וסובין, הנשארים אחרי הקמח.

(3-13) ונודע שכח המועיל וכח המזיק, עולים בקנה אחד, כלומר, כמה שמסוגל להועיל, כן מסוגל להזיק, ולפיכך כיון שאדם פרטי אחד, עולה כחו על כל הבהמה והחי מכל הדורות והזמנים כנ״ל כנראה לעיל, (3-5) כן כח המזיק שבו עולה על כולנה.

(3-14) וע״כ ועל כן כל עוד שאינו ראוי למעלתו, באופן שישמש בכחו רק להועיל, לשמירה יתרה הוא צריך, שלא יקנה מדה מרובה ממעלת האדם, שהיא החכמה והמדע. ולמען זה הסתירו החכמים הראשונים את החכמה, ממרחבי ההמון, מפחד שלא יארע להם תלמידים שאינם הגונים, וישמשו עם כח החכמה, להרע ולהזיק, ונמצאים פורצים בתאותם ופראיותם הבהמית, בכחו הגדול של האדם, ויחריבו את הישוב כולו.

שני שולחנות: גשמיות ורוחניות

(3-15) ואחר שנתמעטו הדורות, וחכמיהם בעצמם החלו לחשוק לשני שולחנות, לאמור לחיים טובים גם לחומריותם, ולכן נתקרבה דעתם גם להמון, ויסחרו עמהם, ומכרו החכמה באתנן זונה ובמחיר כלב (דברים כ״ג, י״ט).

Capítulo Dos:
Capítulo 3: Mundo variado

(3-16) Y desde entonces, el muro fortificado, sobre el cual los sabios fundamentaban todo, fue destruido. Las masas hurtaron la Sabiduría [de la Verdad] para ellas mismas, y los salvajes se llenaron las manos con el poder de la gente y se apoderaron de la Sabiduría y la rasgaron. La mitad fue heredada por los fornicadores y la otra mitad por los asesinos, y la han avergonzado y deshonrado para siempre, y así permanece hasta este día.

(3-16) ומאז נהרס החומה הבצורה, אשר שתו עליה הראשונים, ויחמסוה להם ההמונים, והפראים, מלאו ידיהם בכח אנשים, והחזיקו בחכמה ויקרעו אותה, חציה ירשו המנאפים, וחציה למרצחים, וישימוה לחרפה לדראון עולם, כיום הזה.

Capítulo 4: La revelación de la Sabiduría en los tiempos del Mesías

Ocultar la Sabiduría

(4-1) De esto, usted puede juzgar a la Sabiduría de la Verdad, la cual incluye todas [las ramas de] la sabiduría secular [lit. externa], porque son sus [de la Torá] siete doncellas jóvenes (Zóhar Pekudéi 749), como es bien sabido; y esta es la completitud de la especie humana y el propósito para el cual todos los Mundos fueron creados. Como fue dicho: "Si Mi Pacto de día y de noche [no se mantiene, y] si no he establecido las leyes del Cielo y la Tierra…" (Jeremías 33:25).

(4-2) Por lo tanto, nuestros sabios pusieron límites [diciendo]: "Aquel que explota la corona [de la Torá para su beneficio personal] desaparecerá" (Pirkéi Avot 4:5); vea allí. Ellos nos prohibieron completamente usarla [la Torá] tan siquiera para un pequeño goce para uno mismo solamente [lit. para la vida de la carne]. Este [límite] es lo que nos ha ayudado hasta este mismísimo día a fortalecernos con poder y con escudo, y a defender la Sabiduría de la Verdad y no permitir que ningún extraño y fuereño irrumpa y penetre. También, [este límite] no permitió a nadie agarrarla y ponerla en su bolso para salir y venderla en el mercado, como en el caso de los hombres de sabiduría externos [seculares]. Todos aquellos que han entrado [en la Sabiduría de la Verdad] han estado sujetos a 7 pruebas al punto que [los kabbalistas] pudieran estar seguros de que eran dignos de confianza más allá de cualquier sospecha o preocupación.

פרק 4:
גלוי החכמה בימות משיח

הסתרת החכמה

(4-1) ומזה תשפוט לחכמת האמת, אשר כל החכמות החיצוניות כלולים בתוכה, שהמה שבע נערותיה הקטנות (זוהר, פקודי תשמ"ט), כנודע, והוא שלימות מין האדם, והמטרה שכל העולמות בשבילה נבראו, כמ"ש כמו שכתוב אם לא בריתי יומם ולילה חוקות שמים וארץ לא שמתי, (ירמיהו ל"ג, כ"ה).

(4-2) אשר ע"כ על כן גדרו לנו חז"ל (אבות ד' משנה ה'), דאשתמש בתגא חלף, המשתמש בכתר [תורה] יחלוף [מן העולם] ע"ש עיין שם, כי אסרו לנו להנות בסיבתה, הנאה של כלום לחיי הבשרים. והיא שעמדה לנו עד היום הזה, להחזיק בחיל וחומה, על חכמת האמת, וכל נכרי וזר, לא יתפרץ להיכנס אליה פנימה, גם לא ישומו בכליהם, לצאת ולסחור עמה בשוק, במקרה החכמים החיצונים כי כל הנכנסים כבר נבדקו בשבע בדיקות, עד שהי' היו בטוחים מכל חשש וחשד של כלום.

Capítulo Dos:
Capítulo 4: La revelación de la Sabiduría en los tiempos del Mesías

Abrir las Fuentes de la Sabiduría

(4-3) Después de estas palabras de verdad, [sin embargo,] encontramos una aparentemente grande y completa contradicción de principio a fin en las palabras de nuestros sabios. Encontramos en el Zóhar que justo antes de que el Mesías venga, esta Sabiduría [de la Verdad] está destinada a ser revelada aun a los jovencitos. De acuerdo con eso, aprendemos que justo antes [de la Venida] del Mesías, toda la generación alcanzará una altura completa, de modo que [esta sabiduría] no necesite protección alguna. Las Fuentes de esta Sabiduría se abrirán para calmar la sed de una nación entera. Pero en el Tratado *Sotá* 49 y en el Tratado *Sanhedrín* 97a, los sabios dicen que justo antes de la Llegada del Mesías, "la impudicia [lit. *jutspá*] aumentará, etc.; la Sabiduría de los Escribas se corromperá, etc. y aquellos que temen al pecado serán despreciados, etc.".

(4-4) Esto explica claramente que no hay otra generación igual [a esta premesiánica] en su maldad. ¿Cómo, entonces, pueden estas dos declaraciones ser conciliadas? Ciertamente, estas dos declaraciones son las palabras vivientes del Creador. El asunto es que toda la protección excepcional y el cierre de las puertas a las Salas de la Sabiduría se debe al temor a esas personas en quienes el espíritu de "envidia entre los escribas" está mezclada con el poder del deseo egoísta y el honor, y su envidia no está limitada solamente a la búsqueda de la sabiduría y el conocimiento. De modo que con esto, [es evidente] que las dos declaraciones son correctas, ya que una enseña acerca de la otra.

Abrir las Puertas de la Kabbalah

(4-5) Porque "el rostro de la generación es como el rostro de un perro", lo cual significa que las personas están ladrando como perros "¡guau, guau!" (heb. *hav, hav*, que también significa: dame, dame) como un perro, y aquellos que temen al pecado serán despreciados, y la sabiduría

La Luz de la Sabiduría
Sobre la sabiduría, la vida y la eternida

פתיחת מעינות החכמה

(3-4) ואחר הדברים והאמת הזה, אנו מוצאים לכאורה, סתירה גדולה מקצה אל הקצה, בדברי חז"ל, דאיתא מובא בזוהר דבעקבתא דמשיחא עתידא חכמתא דא להתגלות בימות משיח עתידה חוכמה זו להתגלות, אפי' אפילו לצעירי ימים. אשר לפי האמור נמצינו למדים, שבעקבתא דמשיחא, יהי' יהיה כל הדור ההוא בתכלית הגובה, עד שאין אנו צריכים לשום שמירה, ויתפתחו מעיינות החכמה, להשקות כל הגוי כולו. אמנם במס' סוטה [דף] מ"ט וסהנדרין [דף] צ"ז ע"א עמוד א' אמרו ז"ל דבעקבתא דמשיחא בימות משיח חוצפה יסגה וכו' חכמת הסופרים תסרח וכו' ויראי חטא ימאסו וכו'.

(4-4) והנה מפורש שאין עוד כדור הזה לרוע ואיך מכלכלים לב' המאמרים האלה שודאי אלו ואלו דברי אלהי"ם חיים. והענין הוא, כי כל שמירה המעולה, ונעילת הדלת על היכל החכמה, הוא, מפחד האנשים שרוח קנאת סופרים שבהם, מעורב בכח התאוה, והכבוד, ואין קנאתם מוגבלת, בחפץ החכמה ומושכלות לבד. ובזה נמצאים ב' המאמרים הנ"ל צדקו יחדיו, שבא זה ולימד על זה,

הסרת השמירה

(5-4) כי מאחר שפני הדור כפני הכלב, כלומר שצווחין ככלבא הב הב, ויראי חטא ימאסו, וחכמת חכמים תסרח בהם (שם), ממילא מותר להרחיב שערי החכמה,

Capítulo Dos:
Capítulo 4: La revelación de la Sabiduría en los tiempos del Mesías

de los sabios estará corrupta (Tratado Sanhedrín 97a). En cualquier caso, está permitido abrir totalmente las Puertas de la Sabiduría y quitar la vigilancia cuidadosa, porque [la Sabiduría de la Verdad] se asegura por sí misma de la explotación y el atraco.

(4-6) Ya no hay ningún temor de que un estudiante vulgar e inepto la lleve a vender al mercado a las masas materialistas porque no se encontrarán compradores para esta mercancía, pues esta ya es despreciada por ellas. Y debido a que ya no hay [ninguna] esperanza de satisfacer cualquier deseo egoísta y obtener honor a través de [esta Sabiduría], se ha vuelto de esta manera segura y automáticamente protegida. Ningún extraño, excepto los amantes verdaderos de esta Sabiduría y entendimiento, se aproximará jamás a ella. Por lo tanto, no debería realizarse ningún examen a aquellos que entran [en la Sabiduría], al punto que aun aquellos que son jóvenes de edad podrían merecer obtenerla.

(4-7) Por medio de esto, usted llegará a entender lo que [los sabios] dijeron: "El hijo de David [el Mesías] vendrá solamente [en un momento] en el cual toda la generación es inocente o toda [la generación] es culpable" (Tratado Sanhedrín, 98a). Pero esto es muy desconcertante porque parece que mientras haya unas pocas personas inocentes en esa generación, estarán retrasando la Redención. ¿Significa esto que solamente cuando los inocentes perezcan sobre la faz de la Tierra, el Cielo no lo permita, sería posible que llegue el Mesías?, me pregunto.

La perfección de la percepción y el conocimiento divinos

(4-8) Hemos de entender muy profundamente que la idea de la Redención y la Llegada del Mesías que esperamos —¡Que llegue pronto en nuestros días!— es el propósito de la altura de la perfección de la Percepción y el Conocimiento Divinos, como está escrito: "Porque todos ellos Me conocerán, desde el más grande hasta el más pequeño, etc." (Jeremías 31:33).

ולהסיר השמירה המעולה, להיותה בטוחה מאלי' מאליה, מחמס ועושק.

(4-6) ואין עוד פחד מתלמיד שאינו הגון, שיטול אותה למכור בשוק, להמון עם, החומרים, היות שלא ימצא להם קונים על סחורה זו, כי כבר נמאסת בעיניהם, וכיון שאין עוד תקוה לנחול תאוה וכבוד על ידיה, נעשית בזה, בטוחה ומשומרת מאליה, שכל זר לא יקרב, זולת אוהבי חכמה ותושי' ותושיה, לבד, ולפיכך יוסר כל בדיקה מהנכנסים, עד שגם צעירי ימים יוכלו לזכות בה.

(4-7) ובזה תבין אמרם ז"ל, במסכת סהנדרין [דף] צ"ח ע"א עמוד א', אין בן דוד בא אלא בדור שכולו זכאי או כולו חייב שתמוה מאוד דכל כמה שימצא איזה זכאים בדור, יהי' יהיו מעכבים הגאולה, אלא יתמו הזכאים חלילה מהארץ, ואז יהי' יהיה היכולת לביאת המשיח, אתמהא.

שלימות ההשגה והדעת

(4-8) אמנם צריך להבין מאד מאד, שזה ענין של הגאולה, וביאת המשיח המקוה לנו בב"א במהרה בימנו אמן הוא ענין תכלית הגובה של שלימות ההשגה והדעת כמו"ש כמו שכתוב ולא ילמדו עוד איש את רעהו לדעת את ה' כי כולם ידעו אותי מגדלם עד קטנם וכו' (ירמיהו ל"א, ל"ג) אלא שעם שלימות הדעת נשלמים גם

Capítulo Dos:
Capítulo 4: La revelación de la Sabiduría en los tiempos del Mesías

Pero con la perfección del conocimiento viene también la perfección de los cuerpos, como está escrito en Isaías 65:20: "Porque el niño morirá cuando llegue a cien años, etc.".

(4-9) Y cuando los israelitas alcancen la perfección del conocimiento total, la fuente del entendimiento y el conocimiento fluirá más poderosamente más allá de las fronteras de Israel e irrigará a todas las naciones del mundo, como está escrito en Isaías 11:9: "Porque la Tierra estará llena del conocimiento del Creador como las aguas cubren el océano", y como está escrito [además]: "Ellos vendrán [lit. fluirán] al Creador y a Su bondad, etc.".

(4-10) Este aumento de conocimiento es el resultado de la expansión del reino del Mesías a todas las naciones, excepto las toscas masas materialistas, cuya imaginación esta fijada en el poder último del puño. Y por lo tanto, lo que está impreso en su imaginación es la expansión del reino de Israel sobre las naciones, pero solamente por medio de la clase de control que está relacionado con el dominio de "cuerpos sobre cuerpos" a fin de agarrar sus ganancias con gran arrogancia y para sentir orgullo sobre todos los pueblos del mundo. ¿Y qué puedo hacer con ellos si nuestros sabios ya los han rechazado a todos y [a aquellos] como ellos en la congregación del Creador diciendo: "A alguien que se vuelve arrogante, el Creador dice: 'Yo [el Creador] y él [el arrogante] no podemos vivir juntos en un lugar de residencia'" (Tratado Sotá, 5)?

El conocimiento y la conciencia perfeccionados preceden a un cuerpo perfeccionado

(4-11) Lo opuesto son las personas que [cometen el] error y juzgan que como la existencia del cuerpo precede necesariamente en el tiempo la existencia de [ambos] el alma y el conocimiento completo, por lo tanto la perfección del cuerpo y sus necesidades preceden a la percepción divina

הגופות כמ"ש כמו שכתוב [בספר] ישעי' ישעיהו פרק ס"ה, פסוק כ"א, הנער בן מאה שנה ימות וכו'.

(4-9) וכאשר יושלמו בני ישראל, עם דעת השלם יתגברו מעיינות התבונה והדעת מעל לגבול ישראל וישקו לכל אומות העולם, כמ"ש כמו שכתוב [בספר] ישעי' ישעיהו פרק י"א כי מלאה הארץ דעה את ה' וכו' וכמו"ש וכמו שכתוב וינהרו אל ה' ואל טובו וכו'.

(4-10) והתגברות הדעת הזה הוא ענין התפשטות מלכות המשיח אל כל האומות ולאפוקי ולהבדיל מהמון עם גסי החומר, שלהיות דמיונם דבוק בשלימות כח האגרוף, וע"כ ועל כן נחקק בדמיונם, ענין התפשטות מלכות ישראל על האומות, אך ורק במין שליטה הנוהג מגופות על גופות, ליטול שכרם משלם בגאוה גדולה, להתגאות על כל בני חלד, ומה אעשה להם אם כבר חז"ל דחו כל אותם, וכמותם מקהל ה' באמרם: כל המתגאה אומר הקב"ה הקדוש ברוך הוא אין אני והוא יכולים לדור במדור אחד (על פי מסכת סוטה ה').

שלמות הדעת קודמת לשלמות הגוף

(4-11) וכן לאפוקי להבדיל מאותם הטועים, ושופטים דכשם שמציאות הגוף, בהכרח שיהי' יהיה מוקדם בזמן, למציאות הנשמה, והמושכלות השלימות, כך, שלימות הגוף וצרכיו, מוקדמים בזמן להשגת הנשמה, ושלימות המושכלות,

Capítulo Dos:
Capítulo 4: La revelación de la Sabiduría en los tiempos del Mesías

del alma y a la perfección de adquirir el conocimiento. De aquí que un cuerpo débil está impedido de alcanzar el conocimiento perfeccionado, lo cual es un error muy amargo, peor que la muerte.

(4-12) La razón para esto es que no es posible en absoluto imaginar un cuerpo perfecto antes de que uno haya alcanzado el conocimiento perfeccionado [y la conciencia]. El [cuerpo] en sí mismo es un saco perforado y una "cisterna rota", de modo que no puede contener en sí mismo algo de utilidad para sí mismo o para los demás. Pero cuando ha alcanzado el conocimiento perfeccionado, el cuerpo también asciende a la perfección hombro con hombro con dicho conocimiento perfeccionado. Y esto se aplica tanto a los individuos como al colectivo como un todo. Estudie todo esto en el Zóhar, porción Shlaj Lejá, respecto a los espías; el Zóhar ha hablado de esto en amplitud. Estudie eso bien.

La Luz de la Sabiduría
Sobre la sabiduría, la vida y la eternida

באופן שגוף חלש נמנע מהשגת מושכלות שלימות, שזה טעות מרה וקשה ממות.

(4-12) היות שלא יצויר כלל ועיקר גוף מושלם, בטרם שהשיג דעת השלם, להיותו לפי עצמו, שק מנוקב ובור נשבר, לא יכיל משהו תועלת לא לו ולא לאחרים. זולת, עם השגת הדעת השלימה, שאז עולה גם הגוף לשלימותו עמה בקנה אחד ממש, וזה הדין נוהג בין בפרטים ובין בהכלל יחד, ועיין כל זה, בזוהר פרשת שלח בענין המרגלים שהאריך בזה עש"ה. עין שם היטב.

Capítulo 5:
Las puertas de la Sabiduría están abriéndose

No la Torá; más bien la Luz en la Torá

(5-1) Con esto, usted entenderá lo que está dicho en el Zóhar: "Con el mérito de este Libro [el Zóhar], los israelitas saldrán del exilio" (Zóhar, Nasó, 90) y también lo que está dicho en muchos otros lugares: que solo por la diseminación de la Sabiduría de la Kabbalah a la mayoría de la gente mereceremos la Redención Completa. Nuestros sabios también dijeron: "La Luz en [la Torá] pone a la persona de regreso en el camino correcto" (Talmud de Jerusalén, Tratado Jaguigá, 7a).

(5-2) Ellos fueron muy precisos allí en instruirnos que solamente la Luz dentro de ella —"como manzanas de oro en guarnición de plata" (Proverbios 25:11)— contiene la cualidad que puede traer a una persona de regreso al camino correcto, porque ni el individuo ni la nación pueden cumplir el propósito para el que fueron creados excepto a través de la percepción de la parte interna de la Torá y su secreto.

(5-3) Aunque la completa [revelación de la] comprensión debe ocurrir [solamente] cuando nuestro Mesías Justo llegue, está escrito: "Él otorga sabiduría a los sensatos, etc." (Daniel 2:21) y dice: "En los corazones de todos aquellos que son sabios de corazón, Yo he puesto Sabiduría" (Éxodo 31:6). Por lo tanto, primero necesitamos una amplia difusión de la Sabiduría de la Verdad entre la gente para que merezcamos recibir el beneficio de nuestro Mesías Justo. Consecuentemente, estas [dos] —la Llegada del Mesías y la difusión de la Sabiduría [de la Verdad]— son mutuamente dependientes. Entienda bien esto.

פרק 5:
מדוע נפתחים שערי החכמה

לא התורה אלא המאור שבה

(1-5) ובזה תבין מש"כ מה שכתוב בזוהר דבחבורא דא יפקון בני ישראל מגלותא בספר הזה [הזוהר] יצאו בני ישראל מן הגלות (זוהר, נשא, סעיף צ'), וכן עוד בהרבה מקומות, שאך ורק בהתפשטות חכמת הקבלה ברוב עם, נזכה לגאולה השלמה, וכן אמרו חכמינו ז"ל המאור שבה מחזירו למוטב (תלמוד ירושלמי, חגיגה א', ז').

(2-5) ודקדקו זה בכונה גדולה להורותינו דרק המאור שבתוכיותה, כתפוחי זהב במשכיות כסף (משלי כ"ה, י"א), בה צרורה זו הסגולה, להחזיר האדם למוטב, דהן היחיד והן האומה, לא ישלימו הכונה, שעליה נבראו, זולת בהשגת פנימיות התורה וסודותיה,

(3-5) והגם ששלימות הדעת מקוה לנו, בביאת משיח צדקינו, אמנם כתיב יהיב חכמתא לחכימין וכו' (דניאל ב', כ"א) ואומר ובלב כל חכם לב נתתי חכמה, (שמות ל"א, ו') וע"כ ועל כן להתפשטות גדול של חכמת האמת בקרב העם, אנו צריכין מקודם, באופן שנהי' נהיה ראוים לקבל התועלת ממשיח צדקינו, ולפיכך תלוים המה התפשטות החכמה וביאת משיח צדקנו זה בזה, והבן היטב.

Capítulo Dos:
Capítulo 5: Las puertas de la Sabiduría están abriéndose

Una generación que es enteramente inocente o culpable

(5-4) Y siendo este el caso, tenemos una obligación de fundar academias [de Kabbalah] y de escribir libros para apresurar la difusión de la Sabiduría [de la Verdad] a lo largo de la nación. Esto no fue así en el pasado porque había el temor de conseguir una mezcla de estudiantes [que incluían a aquellos] que no eran aptos, como [hemos] explicado con amplitud antes. Y debido a nuestros muchos pecados, esto [a saber: no estudiar Kabbalah] se volvió la razón principal para la extensión del tiempo de permanencia en el Exilio hasta este mismísimo día. Esto es lo que quisieron decir nuestros sabios con: "El Hijo de David [el Mesías] vendrá solamente [en un tiempo] en el cual toda la generación es inocente [o cuando toda la generación es culpable]" (Tratado Sanhedrín, 98a).

(5-5) ["Cuando toda la generación es inocente",] esto es: donde cada quien ha renunciado [a su] carrera tras deseos egoístas y honor porque entonces sería posible fundar escuelas [para estudiar la Sabiduría de la Verdad] entre las masas y preparar al público para la llegada del Mesías, el Hijo de David, como se expuso antes. "O cuando toda la generación es culpable", esto es: en una generación donde el rostro de la generación es como la cara de un perro, donde aquellos que temen al pecado son despreciados y la sabiduría de los escribas estará corrupta en ellos, etc. (Tratado Sanhedrín, 97a).

Sin temor ni preocupación

(5-6) Entonces será posible remover la precaución adicional, y todo aquel que permanezca en la Casa de Yaakov y cuyo corazón late para alcanzar la Sabiduría [de la Verdad] y el propósito máximo [de la Creación] será llamado santo. Y [dicha persona] vendrá y aprenderá porque ya no hay temor ni preocupación de que no pueda conservar sus buenas virtudes y [de que pueda] empezar a vender esta Sabiduría en el mercado.

דור שכולו זכאי או כולו חייב

(5-4) וכיון שכן הרי אנו מחוייבים לקבוע מדרשות ולחבר ספרים, כדי למהר תפוצת החכמה במרחבי האומה, ולא הי' יהיה כן בזמן הקודם מפני היראה מתערובת תלמידים שאינם מהוגנים, כמו שהארכנו לעיל, וממילא היה זה לעיקר הסיבה של אריכת הגלות בעוה"ר בעוונותינו הרבים עד היום הזה, והיינו שאמרו חז"ל: "אין משיח בן דוד בא אלא בדור שכולו זכאי [או בדור שכולו חייב]" (סנהדרין צ"ח, עמוד א').

(5-5) ["בדור שכולו זכאי"]: היינו שכולם יהי' יהיו פרושים מרדיפה אחר התאוה והכבוד, שאז יהי' יהיה אפשר לקבוע מדרשות ברבים, להכינם לביאת מב"ד משיח בן דוד כנ"ל. "או בדור שכולו חייב" דהיינו בדור כזה, שפני הדור הוא כפני הכלב, ויראי חטא ימאסו, וחכמת סופרים תסרח בהם וכו' (מסכת סוטה דף מ"ט ומסכת סהנדרין דף צ"ז)

אין חשד ופחד

(5-6) אשר אז לאידך גיסא, יהי' יהיה אפשר להסיר השמירה היתרה, וכל הנשאר בבית יעקב ולבו דופק להשגת החכמה והתכלית, קדוש יאמר לו ויבוא וילמוד כי אין עוד חשד ופחד, פן ואולי לא ישאר עומד על מדותיו ויצא ויסחור אותה בשוק.

Capítulo Dos:
Capítulo 5: Las puertas de la Sabiduría están abriéndose

(5-7) Esto es porque entre las masas ya no hay nadie interesado en comprarla; a sus ojos esta Sabiduría es considerada como despreciable ya que no se puede obtener nada a cambio, ninguna [satisfacción de] un deseo egoísta ni honor. Por lo tanto, cualquiera que desee entrar [en la Sabiduría de la Verdad] puede entrar. Y muchos podrán rondarla, pero el conocimiento aumentará entre aquellos que son merecedores de este. De esta manera, pronto mereceremos la Llegada de nuestro Mesías Justo y la Redención de nuestras almas, rápidamente en nuestros días. Amén.

"No he añadido nada a las palabras de mis maestros"

(5-8) Por medio de las palabras anteriores, he eliminado de mí mismo una gran crítica acerca del hecho de que yo me he atrevido [a extenderme en este asunto] más que cualquiera de mis predecesores y que, en este libro, he descubierto los fundamentos de la Sabiduría [de la Verdad] que por regla general son ocultados. [Verdaderamente] hasta ahora, nadie ha llegado tan lejos, es decir, en [revelar] la esencia de las Diez Sefirot y todas las reglas que les conciernen: la (Luz) Directa y la (Luz) Retornante; la (Luz) Interna y la (Luz) Circundante; y el secreto del Golpe [Unión por Golpe], y el secreto de la Purificación.

(5-9) [Con respecto a todos estos asuntos,] los autores que me precedieron esparcieron a propósito trozos de información aquí y allá, usando pistas muy sutiles, de manera tal que ningún humano pudiera unirlas. Pero yo, por medio de la Luz del Creador que ha brillado sobre mí, y con la ayuda de mis maestros, he reunido [esta información] y he revelado cosas con suficiente explicación y en su esencia espiritual más allá del espacio y más allá del tiempo.

(5-10) Podría haberse producido gran crítica contra mí, [pero] ¿cuál sería la ventaja? Si no hay [información adicional] aquí además de las palabras de mis maestros, entonces Rav Yitsjak Luria (el Arí) y Rav Jayim

(5-7) כי כבר אפס קונה מההמון כולו, וכבר החכמה מאוסה בעיניהם באופן שאין להשיג תמורתה, לא תאוה ולא כבוד, ולפיכך כל הרוצה לכנוס יבוא ויכנוס. וישוטטו רבים ויתרבה הדעת בכל אותם הכדאים לה, ובזה נזכה בקרוב לביאת משיח צדקינו ופדות נפשינו בב"א במהרה בימינו אמן.

"לא חדשתי ולא הוספתי על רבותי"

(5-8) ועפ"י ועל פי הדברים האלה, הסרתי מעלי טענה גדולה, בזה שהרהבתי מכל הקודמים אותי, ובאתי בספרי זה, בגילוי יסודות החכמה שדרכן לכסות, שעד הנה לא עבר בה אדם עוד, דהיינו מהות העשר ספירות לכל משפטיהם, בישר וחוזר, ופנימי ומקיף, וסוד ההכאה, וסוד ההזדככות.

(5-9) אשר המחברים שקדמוני, בכונה פזרו הדברים הנה והנה, וברמיזות דקות, באופן שידו של אדם אינו ראוי לקבץ אותם אשר אנכי באורו יתברך שהופיע עלי, ובעזרת רבותי קבצתי אותם, וגיליתי הדברים די באר, ובצביונם הרוחני, למעלה מן המקום ולמעלה מהזמן.

(5-10) והי' והיו יכולים לבוא עלי בטענה גדולה, ממ"נ ממה נפשך אם אין פה נוספות על רבותי א"כ אם כן הא"רי רבי יצחק לוריא ז"ל ורח"ו ורבי חיים ויטאל ז"ל, בעצמם והמחברים האמיתיים מפרשי דבריהם, הי' היו יכולים לגלות ולבאר הדברים

Capítulo Dos:
Capítulo 5: Las puertas de la Sabiduría están abriéndose

Vital, ellos mismos y los comentaristas de sus palabras, podrían haber revelado y explicado estos temas de una manera muy abierta, como yo lo he hecho. Y si ustedes desean decir que estos temas eran, de hecho, claros en sus mentes [del Arí y de Rav Vital], entonces ¿quién es este autor [Rav Áshlag], quien ciertamente habría considerado un gran mérito ser el polvo y la ceniza bajo sus pies, para decir que su porción [de Rav Áshlag] ha sido mejor que la de ellos?

(5-11) En verdad es el caso que yo no he añadido nada a [las palabras de] mis maestros, ni he sostenido algo nuevo por medio de este libro, como usted verá en la sección de referencias. Todas mis palabras ya han sido escritas e inscritas antes —en el *Shmoné Shearim* (*Ocho Puertas*) y en el *Ets HaJayim* (*Árbol de la Vida*) y en el *Mevó Shearim* (*Entrada a las Puertas*), todos de Rav Yitsjak Luria (el Arí)— y no he añadido siquiera una palabra. Pero [el Arí y Rav Vital] se propusieron ocultar los asuntos y, por lo tanto, esparcieron [sus conocimientos] poniendo una parte aquí y otra allá.

(5-12) Esto es porque su generación no era todavía totalmente culpable, y ellos necesitaron [tomar] precauciones adicionales, como mencioné antes (5-6). No es este nuestro caso. A causa de nuestros muchos pecados, todas las cosas que nuestros sabios dijeron acerca de los días precedentes a la Llegada del Mesías han resultado verdaderas. Y así, en tal generación [como la nuestra], ya no hay ningún temor de revelar la Sabiduría [de la Verdad], como hemos discutido ampliamente antes (5-3,4). Por lo tanto, mis palabras están reveladas y puestas en buen orden.

La Luz de la Sabiduría
Sobre la sabiduría, la vida y la eternida

בביאור גלוי, כמו שעשיתי אנכי, ואם נפשך לאמר שלפניהם הי' גלוי, א"כ אם כן מי הוא המחבר הזה, אשר ודאי, זכות גדול הי' היה לו להיות עפר ואפר תחת כפות רגליהם ז"ל, לומר שנחלתו שפרה לו ה' יותר מנחלתם.

(5-11) אמנם כן, לא הוספתי על רבותי, ולא באתי בחדשות כמו שתראה במראה המקומות, ע"י על ידי החיבור, שכל דברי כבר רשום וכתוב, בשמנה שערים, ובעה"ח, ובעץ החיים ומבו"ש ובמבוא שערים מהאר"י ז"ל, ולא הוספתי עליהם אף מילה אחת. אלה המה כיונו לכסות הדברים, וע"כ ועל כן פזרו אותם אחת הנה ואחת הנה.

(5-12) והוא מפני שדורם לא הי' היה עוד כולו חייב, והי' והיו צריכים לשמירה יתירה, כנ"ל, כנזכר לעיל (5-6) משא"כ מה שאין כן אנו שבעוה"ר שבעוונותינו הרבים נתקיימה בנו כל דברי רז"ל רבותינו ז"ל האמורים מראש לעקבתא דמשיחא לימות משיח, שבדור כזה שוב אין פחד מלגלות חכמה, כמו שהארכנו לעיל (5-3, 4), וע"כ ועל כן דברי מגולים ומסודרים.

Capítulo 6:
El Pensamiento de la Creación

Una torre llena de bienes

(6-1) Ahora escúchenme, hijos míos, porque la Sabiduría está cantando de puertas afuera (Proverbios 1:20) y ahora desde las calles los llama a ustedes: "¡Quien esté con el Creador venga a mí!" (Éxodo 32:26) porque no soy una cosa trivial para ustedes. Soy su vida y su longevidad, porque ustedes no fueron creados para ir tras el grano y las patatas, ustedes y sus asnos, para comer del mismo comedero. Y así como no es el propósito del asno servir a todos los otros asnos en el mundo que son iguales a él en edad, así, de igual manera, no es el propósito de un ser humano servir a los cuerpos de todos los seres creados de la misma edad de su cuerpo animal.

(6-2) Sin embargo, el propósito del asno es servir al ser humano, quien es superior a él, para beneficiarlo; y asimismo, el propósito del ser humano es servir al Creador y completar Su intención, como Ben Zomá dijo: "Todos estos fueron solamente creados para servirme, y yo [nací] para servir a mi Dueño" (Tratado Kidushín, 82b), como está dicho: "Todos los actos del Creador son según Su propósito" (Proverbios 16:4).

(6-3) [Esto es] porque el Creador desea y anhela nuestra terminación, como está dicho en *Bereshit Rabá*, Capítulo 8, con respecto a la creación de Adán: "Los ángeles dijeron delante del Creador: '¿Qué es el ser humano para que Tú te acuerdes de este, y el hijo de hombre para que te ocupes de él?' (Salmos 8:5). '¿Por qué necesitas este problema?'. El Creador les dijo: '¿Por qué entonces [dice] que todas las ovejas y los bovinos (Salmos 8:8) [fueron creados], etc.? ¿A qué es similar esto? A un rey que tenía una torre llena de todos los bienes de la Tierra, pero no tenía visitantes. ¿Cuál es la alegría de un rey que tiene una torre llena, etc.?'. Inmediatamente respondieron

פרק 6:
מחשבת הבריאה

מגדל מלא כל טוב

(6-1) ועתה בנים שמעו לי, כן החכמות בחוץ תרונה (משלי א' כ'), והנה עתה מרחובות קוראה אליכם מי לה' אלי (שמות ל"ב, כ"ו), לא דבר ריק אני מכם, כי אני חייכם ואורך ימיכם, כי לא נבראתם לחזור אחר מעשה דגן, ותפוחי אדמה אתם וחמוריכם באבוס אחד. וכמו שלא יהי' יהיה מטרת החמור לשמש את כל חמורי עולם בני גילו, כן לא יהי' יהיה מטרת האדם, לשמש את כל גופות הבריות בני גילו של גופו הבהמי.

(6-2) אבל מטרת החמור לשמש האדם הנעלה הימנו כדי להועילו, ומטרת האדם לשמש להשי"ת להש"ת יתברך ולהשלים כונתו כמו שאמר בן זומא (קדושין, דף פ"ב, עמוד ב'): כל אלו לא נבראו אלא לשמשיני, ואני לשמש את קוני, ואומר כל פעל ה' למענהו (משלי ט"ז, ד').

(6-3) כי השי"ת השם יתברך חושק ומתאוה אל השלמתינו כמו שאמרו בבראשית רבה פ"ח פרק ח' בדבר בריאת האדם, וז"ל וזה לשונו שהמלאכים אמרו לפניו יתברך, מה אנוש כי תזכרנו ובן אדם כי תפקדנו (תהילים ח', ה'), הצרה הזאת למה לך, אמר להם הקב"ה, הקדוש ברוך הוא, א"כ אם כן צונה ואלפים למה [נבראון] וכו' (תהילים ח', ח') למה"ד למה הדבר דומה למלך שהי' שהיה לו מגדול מלא מכל טוב, ואין לו אורחים מה

45

diciendo: '¡Creador, Señor nuestro! ¡Cuán majestuoso es Tu Nombre en toda la Tierra! (Salmos 8:2) ¡Haz lo que te parezca bien!'" (fin de la cita).

Esperar a que los visitantes lleguen

(6-4) Aparentemente, uno debe ponderar esta metáfora, a saber: ¿dónde se encuentra esta torre llena de bienes, ya que en nuestro tiempo seguramente la llenaríamos con visitantes más allá de su capacidad? Verdaderamente, estas palabras son sinceras. Usted puede ver que los ángeles no tuvieron quejas contra ninguno de los seres creados durante los seis días de la Creación, excepto la especie humana, [y esto es] porque la humanidad fue creada a imagen del Creador y está compuesta de ambos: [los seres] superiores e inferiores. Los ángeles que vieron esto estaban asombrados y se alarmaron, porque ¿cómo podría un alma espiritual, pura y limpia, descender de sus alturas celestiales y venir a cohabitar en este cuerpo [humano] sucio y bestial? Y [así] se preguntaban: ¿Para qué necesitas Tú ese problema?

(6-5) Y recibieron su respuesta para esto [del Creador]: Una torre llena de todos [los tipos de] bienes pero vacía de visitantes ya ha existido por algún tiempo, y para llenarla con visitantes, se requiere la existencia de este humano, quien está compuesto de ambos [los seres] superiores e inferiores. Por consiguiente, es necesario que el alma pura y sublime se arrope con el problema de este cuerpo sucio. Y ellos [los ángeles] comprendieron esto enseguida y dijeron: "¡Haz lo que te parezca mejor!".

(6-6) Y usted debe saber que esta torre llena de todos los bienes alude al placer y la abundancia completos para los cuales [el Creador] ha creado todos los seres [para que las disfruten]. Esto es de acuerdo a lo que nuestros sabios han dicho: "Es la naturaleza de la Bondad ser benevolente"; por lo tanto, Él creó los Mundos para satisfacer a Sus seres creados. (Hemos

La Luz de la Sabiduría
Sobre la sabiduría, la vida y la eternida

הנאה למלך שמלאו וכו'. מיד אמרו לפניו, ה' אדונינו מה אדיר שמך בכל הארץ, (תהילים ח', ב') עביד מאי דהניי לך עשה מה שטוב לך עכ"ל, עד כאן לשונו.

מחכים לאורחים

(4-6) לכאורה יש להרהר אחר המליצה הזאת, כי איפוא מצוי ועומד, זה המגדל המלא מכל טוב, אשר בזמנינו זה, באמת, שהינו ממלאים אותו אורחים על כל גדותיו. אמנם כנים הדברים, כי הנך רואה שלא טענו המלאכים, על שום ברי' בריה מכל הבריות שנבראו בששת ימי בראשית, זולת על מין האדם לבד, והוא להיות נברא בצלם אלהי"ם, ומורכב מעליונים ותחתונים יחד, והמלאכים שראו את זה, כן תמהו ונבהלו, איך נפש הרוחני זכה וברה תרד מרום המעלה, ולבוא ולדור בכפיפה אחת, עם גוף הבהמי המזוהם הזה, והיינו שתמהו הצרה הזאת למה לך.

(5-6) ולזה הגיע להם התשובה, שמכבר נמצא מגדל מלא מכל טוב, וריקן מאורחים, וכדי למלאותו באורחין, למציאותו של אדם זה, המורכב מעליונים ותחתונים יחד, אנו צריכין, ולסיבה זו, בהכרח שתתלבש הנפש הזכה וברה, בצרה של הגוף המזוהם הזה, ומיד הבינו זה, ואמרו עביד מאי דהניי לך עשה מה שטוב לך.

(6-6) ותדע שזה המגדל המלא מכל טוב, יורה כללות העונג והטוב, שבשבילו ברא את הנבראים, ע"ד על דרך שאמרו [חכמינו] ז"ל שמדרך הטוב להטיב, וע"כ

Capítulo Dos:
Capítulo 6: El Pensamiento de la Creación

hablado de esto ampliamente en *Panim Masbirot* [*Rostro Acogedor*], rama 1, y usted puede estudiar acerca de esto allí).

Satisfacer a los seres creados

(6-7) No obstante, ya que el pasado y el futuro no se aplican a Él, tenemos que entender que tan pronto [el Creador] pensó en crear a los seres y en satisfacerlos, ellos inmediatamente brotaron y aparecieron enfrente de Él, ellos mismos [los seres] junto con la abundancia y el placer con los que fueron llenados, [tal] como Él lo había pensado para ellos. Esto es lo que encontramos en el libro *Jeftsí Ba* (*La anhelo*) de Rav Yitsjak Luria (el Arí): Que todos los Mundos Superiores e Inferiores están incluidos en el *Ein Sof* (el Infinito), aun antes del *Tsimtsum* (Restricción), en el secreto de "Él y Su Nombre son uno". Estudie esto allí en el Capítulo 1.

(6-8) El *Tsimtsum* (Restricción), que es la raíz de los Mundos limitados de *Atsilut* (Emanación), *Briá* (Creación), *Yetsirá* (Formación) y *Asiyá* (Acción) hasta llegar [abajo] a este mundo, ocurrió debido al anhelo de la totalidad de las mismas Almas Raíz de hacer su Forma lo más similar a la del Creador. Este es el asunto de *devekut* (adhesión), como está explicado allí [en *Jeftsí Ba*]: que la *devekut* (adhesión) y la separación en la esencia espiritual son posibles solamente por medio de los atributos de la Similitud de Forma y la Diferencia de Forma.

Creación del Deseo de Recibir

(6-9) Ahora, debido a que el Creador deseaba satisfacer [a Sus seres creados], el deseo de recibir placer fue por necesidad instilado en los recipientes. Debido a esto, sin embargo, su Forma se volvió diferente de la del Creador porque la Forma [de recibir] no puede encontrarse en lo absoluto en el Creador. Después de todo, ¿de quién puede Él recibir? De modo que para "corregir" esto, el *Tsimtsum* (la Restricción) y los

ועל כן ברא העולמות, כדי להנות לנבראיו. (והארכנו ענינו בפמ"ס בספר פנים מסבירות ענף א' ומשם תדרשנו).

להיטיב לנבראים

(6-7) וכיון שאין ענין עבר ועתיד נוהג בו ית' צריך להשכיל שתיכף כשחשב לבראות נבראים ולהנות אותם תיכף יצאו ונתהוו מלפניו יתברך, הם וכל מילואיהם מהעונג והטוב, יחד, כמו שחשב עליהם. והיינו דאיתא מובא בספר "חפצי בה" מהאר"י ז"ל שכל העולמות עליונים ותחתונים כלולים בא"ס ב"ה באין סוף ברוך הוא, עוד מטרם הצמצום בסוד הוא ושמו אחד, ע"ש עיין שם בפ"א בפרק א'.

(6-8) ומקרה הצמצום, שהוא השורש לעולמות אבי"ע אצילות, בריאה, יצירה ועשיה המוגבלים עד לעוה"ז לעולם הזה, קרה מפאת כללות שרשי הנשמות בעצמם, מחשקם להשוות צורתם ביותר להמאציל ית' שהוא ענין דביקות. כמו שנתבאר שם, שפירוד ודביקות בכל רוחני, לא יתכן, זולת בערכין של שיווי הצורה, או שינוי הצורה.

בריאת הרצון לקבל

(6-9) ומתוך שרצה יתברך להנותם נטבע בהמקבלים בהכרח הרצון לקבל הנאתם, שבזה נשתנה צורתם הימנו יתברך, להיות צורה זו אינו נוהגת כלל ועיקר בגדר המאציל ית' דממי יקבל ח"ו חס ושלום, ולתיקון זה נעשה הצמצום והגבול, עד ליציאת עוה"ז עולם הזה, למציאות התלבשות נשמה בגוף גשמי,

límites fueron creados, hasta abajo hasta que este mundo emergió como una realidad donde el alma está revestida de un cuerpo físico. [Y ahora] cuando una persona se dedica a [ambas] el estudio de la Torá y a la tarea de dar placer a su Hacedor, [su] Forma de Recibir volverá a unirse [con la Luz] con el fin de Compartir.

(6-10) Esto es lo que se quiso decir con el pasaje: "y adhiérete a Él, etc." (Deuteronomio 11:22) porque entonces [una persona] hace su Forma similar a la de su Creador. La Similitud de Forma es llamada *devekut* (adhesión) en la espiritualidad, como fue dicho antes (6-8). Y cuando esta *devekut* es alcanzada en todas partes del alma hasta su perfección, los Mundos regresarán al aspecto del *Ein Sof* (el Infinito), como estaban antes del *Tsimtsum* (Restricción). "Y en su tierra ellos heredarán el doble" (Isaías 61:7) porque entonces [estas almas perfeccionadas] pueden recibir todo el placer y la bondad que siempre han estado listos para ellos en el mundo del *Ein Sof*, como fue dicho (6-7).

(6-11) Adicionalmente a esto, están listos ahora para la *devekut* real —sin ninguna Diferencia de Forma— porque [ahora] aun su recibir no es para su propio placer sino solamente para dar placer a su Creador. Con esto, ellos son Similares en su Forma de dar [placer] al Creador. Estas son cosas de las que ya he hablado ampliamente y con buen razonamiento en *Panim Masbirot* (*Rostro Acogedor*); estudie bien eso.

La Luz de la Sabiduría
Sobre la sabiduría, la vida y la eternida

שבהיותו עוסק בתורה ועבודה ע"מ על מנת להשפיע נ"ר נחת רוח ליוצרו, תשוב צורת הקבלה להתאחד בעל מנת להשפיע.

(6-10) והוא שיעור הכתוב ולדבקה בו (לפי דברים י"א, כ"ב) וכו' וכולי כי אז משוה צורתו ליוצרו, אשר שיווי הצורה הוא דביקות ברוחני כאמור (6-8) וכשנגמר ענין הדביקות, בכל חלקי הנשמה על מילואם, ישובו העולמות לבחי' לבחינת א"ס אין סוף, כמו שהיו מטרם הצמצום. ובארצם משנה יירשו (ישעיה ס"א, ז'), כי אז יוכלו לשוב ולקבל כל העונג והטוב המוכן להם מכבר בעולם א"ס ב"ה אין סוף ברוך הוא כאמור (6-7).

(6-11) ונוסף עוד כי עתה מוכנים לדביקות אמיתי, בלי שינוי צורה כלל, כי כבר גם הקבלה שלהם אינה להנאת עצמם, אלא להשפיע נ"ר נחת רוח ליוצרם, ונמצאים משתוים בצורת השפעה להמאציל יתברך, וכבר הרחבתי דברים אלו בטוב טעם, בפמ"ס בפנים מסבירות בענף א' עש"ה עיין שם היטב.

Capítulo 7:
Dos caminos de redención

Criar a nuestros hijos

(7-1) Con esto, usted puede entender lo que [los sabios] han dicho: que es una gran necesidad para la Shejiná (la Presencia Divina) [descender] a los Niveles Inferiores (R. Bejayéi, Éxodo 13:8). Esta declaración es verdaderamente muy extraña, pero está de acuerdo con lo que fue dicho en el Midrash (Midrash Bereshit Rabá, 8) mencionado antes, donde fue comparada a un rey que tiene una torre llena de [toda clase de] bienes, pero no tiene huéspedes, aunque ciertamente él está sentado en espera de visitantes, porque sin ellos, todos estos preparativos no servirán para nada.

(7-2) Esto se parece también a un gran rey a quien le nació un hijo cuando [el rey] ya era viejo. Y amaba a su hijo mucho, y por lo tanto, desde el día mismo en que nació, pensó en él, hizo un plan y reunió todos los mejores libros y a los hombres más sabios del país para su hijo. Y construyó una escuela [para enseñarle] sabiduría [al muchacho] y reunió a todos los mejores constructores y construyó cámaras de recreación para él. [El rey] reunió a todos los maestros músicos y cantantes y erigió salones de música [para su hijo], y reunió a los mejores cocineros y reposteros de todo el país y le surtió a su hijo todos los mejores manjares del mundo, etc.

(7-3) Y el hijo creció y maduró, pero resultó ser un tonto, sin tener deseo alguno de aprender. Y era ciego y no veía ni sentía la belleza de las construcciones; era sordo y no podía oír las voces de los hombres cantando; y tenía diabetes y no podía comer nada sino pan rústico. Esto se volvió una fuente de vergüenza y enojo [para el rey].

פרק 7:
שתי דרכים לגאולה

צער גדול בנים

(7-1) ובזה תבין אמרם ז"ל, אשר השכינה בתחתונים צורך גבוה (ר' בחיי ב"ר אשר, פירוש לתורה: שמות י"ג, ח'), שמאמר הזה מתמיה מאוד. אמנם עולה בקנה אחד עם האמור במדרש הנזכר (בראשית רבה, ח'), שדימו הענין למלך שיש לו מגדל מלא כל טוב. ואין לו אורחים, אשר ודאי, לאורחים יושב ומצפה, דאם לא כן, נמצא כל ההכנה ללא הועיל ולתוהו.

(7-2) וכדומה, למלך גדול שנולד לו בן לעת זקנתו, שהי' היה חביב לו ביותר, וע"כ ועל כן, מיום הולדו חשב בעדו מחשבות, וקבץ כל הספרים והחכמים המצויינים שבהמדינה ועשה בעדו בית מדרש לחכמה, וקבץ כל הבנאים המצויינים ובנה לו היכלי עונג, וקבץ כל בעלי הנגון ושיר ועשה לו בתי זמרה, וקבץ ממיטב המבשלים והאופים שבמרחבי המדינה והמציא לו מכל מעדני עולם וכו'.

(7-3) והנה נגדל הבן ובא בשנים, והוא סכל, אין לו חפץ במושכלות, והוא סומא אינו רואה ואינו מרגיש, מיופי הבנינים, והוא חרש לא ישמע בקול שרים ושרות, והוא חלה במחלת צוקר סוכרת, אינו רשאי לאכול אלא פת קיבר לבד, והנה כדי בזיון וקצף.

Capítulo Dos:
Capítulo 7: Dos caminos de redención

El Camino de la Contrición y el Camino del Sufrimiento

(7-4) Y esto le aclarará a usted lo que [los sabios] quisieron decir cuando interpretaron el versículo: "Yo soy el Creador; a su debido tiempo, Yo lo apresuraré" (Isaías 60:22). En el Tratado *Sanhedrín* 98, explicaron: "Si no lo merecen, entonces esto será 'en su tiempo debido'; si lo merecen, entonces 'Yo lo apresuraré'". Eso es porque hay dos diferentes caminos para alcanzar el objetivo antes mencionado. [El primero es] a través de volverse conscientes por sí mismos, lo cual es llamado el Camino de la *Teshuvá* (Contrición). Si ellos merecen este [camino], entonces "Yo lo apresuraré" ocurrirá [en su caso], significando que [para este camino], no hay tiempo fijado, sino que cuando ellos alcancen el mérito, la Corrección terminará, por supuesto.

(7-5) Pero si ellos no merecen alcanzar la conciencia, hay otro camino, el cual es llamado el Camino del Sufrimiento, refiriéndose a lo que nuestros sabios dijeron (en el Tratado *Sanhedrín*, 97) "Traeré sobre ellos un rey como Hamán, y serán obligados a regresar al camino correcto". Esto significa "en su tiempo" porque para este [tipo de arrepentimiento], hay un tiempo fijado.

(7-6) A través de esto, [los sabios] desean mostrarnos que los caminos [del Creador] no son nuestros caminos, etc. (de acuerdo con Isaías 55:8). Por lo tanto, [el Creador] no experimentará lo que un rey de carne y hueso experimentará, como se mencionó antes, que ha pasado a través de un cúmulo de molestias y ha preparado grandes y excepcionales cosas para su hijo favorito, y finalmente [el rey sufre por todo esto] todo su esfuerzo y diligencia es para nada y sin utilidad, conduciendo a pena, enojo y desaliento. Los actos del Creador, por otra parte, son todos seguros y firmes, y la decepción no tiene lugar en Él, el Cielo no lo permita.

דרך תשובה ודרך יסורים

(4-7) ובזה תבין אמרם ז"ל על הפסוק, אני ה' בעתה אחישנה (ישעיה ס', כ"ב) ופירשו במסכת סנהדרין דף צ"ח: לא זכו-בעתה, זכו-אחישנה. היות שיש ב' דרכים להשגת המטרה הנזכרת, או ע"י על ידי תשומת לב מעצמם, שהוא נקרא דרך תשובה, ואם יזכו לזה יקויים בהם אחישנה, כלומר, שאין על זה זמן קצוב, אלא מתי שיזכו יוגמר התיקון, כמובן.

(5-7) ואם לא יזכו לתשומת לב יש דרך אחר, שנקרא דרך יסורין, ע"ד על דרך שאמרו ז"ל מסכת סנהדרין דף צ"ז: אני מעמיד להם מלך כהמן, ובע"כ ובעל כורחם חוזרים למוטב, והיינו בעתה כי ע"ז על זה יש זמן קצוב.

(6-7) וירצו בזה. להורות לנו, שלא דרכיו ית' דרכינו וכו' (לפי ישעיהו נ"ה, ח'), וע"כ ועל כן לא יארע לו ית' יתברך מקרה מלך בו"ד בשר ודם הנ"ל, אשר טרח והכין כ"כ כל כך גדולות ונצורות, בשביל בנו החביב, ולבסוף נמצא מתאנה מכל וכל, וכל הוצאתו וטרחתו לשוא ולתוהו לבזיון וקצף, אולם השי"ת השם יתברך כל מעשיו בטוחים ונאמנים, ודין אונאה אין נוהג בו ח"ו חס ושלום,

(7-7) Y esto es lo que los sabios quisieron expresar cuando dijeron: "Si no merecen, [esto será] en su tiempo debido", [esto es:] lo que la voluntad no logra, el tiempo lo hace. Esto está dicho [también] en *Panim Masbirot* (Rostro *Acogedor*) al final de la sección 71a, con respecto al significado del pasaje: "¿Puedes enviar relámpagos, que vayan y te digan: 'Aquí estamos'?" (Job 38:35); vea allí. El Camino del Sufrimiento puede purificar toda deficiencia y agarre físico hasta que [una persona] entienda cómo sacar su cabeza del comedero de los animales, cuando regresa y se adhiere a su raíz y completa la Intención [del Creador].

La Luz de la Sabiduría
Sobre la sabiduría, la vida y la eternida

(7-7) והייינו שאמרו ז"ל, לא זכו בעתה, ומה שלא יעשה החפץ יעשה הזמן וכמ"ש וכמו שכתוב בפמ"ס בפנים מסבירות סוף ע"א עמוד א', בשיעור הכתוב: התשלח ברקים וילכו ויאמרו לך הננו (איוב ל"ח, ל"ה) ע"ש עיין שם, דיש דרך היסורין שמסוגל למרק כל חוסר וגשם, עדי שיבין, איך מוציאים ראש מתוך האבוס הבהמי, כדי להגביה על ולעלות ולטפס על דרגת סולם האושר וההצלחה האנושית, כי ישוב ויתדבק בשרשו וישלים הכונה.

Capítulo 8:
Los Escritos del Santo Arí

Entrar en la cámara del Rey Divino

(8-1) Por lo tanto, venga y entienda cuánto hemos de agradecer a nuestros Ravs que nos otorgan sus luces santas y consagran sus propias almas a beneficiar las nuestras. Se estacionan en el punto medio entre el Camino del Sufrimiento Severo y el Camino de la *Teshuvá* (Contrición) y nos salvan del nivel más profundo del infierno, lo que es más difícil que la muerte. [Esos Ravs] nos acostumbran a alcanzar la delicia Celestial; a la elevación de la delicadeza y el placer que es nuestra porción [y] que ha sido preparada y nos ha estado esperando desde el comienzo, como hemos mencionado anteriormente. Todos y cada uno de [esos Ravs] actúa en su propia generación de acuerdo con la intensidad de la Luz de su Torá y su santidad, y nuestros sabios ya han declarado que no hay generación que no tenga gente como Avraham, Yitsjak y Yaakov en ella (Midrash Bereshit Rabá, 74).

(8-2) Verdaderamente, esta persona divina, Rav Yitsjak Luria [el Arí], trabajó y encontró para nosotros el punto de vista más completo y se destacó milagrosamente sobre sus predecesores. Y si yo tuviera una lengua que hablara palabras elevadas, alabaría el día en que su sabiduría fue revelada como un día casi a la par con el día en el que la Torá fue entregada a los israelitas. No hay suficientes palabras para describir el alcance de su trabajo santo para nosotros, porque las puertas de la percepción [espiritual] estaban herméticamente cerradas, atornilladas y con candados, y él vino y las abrió para nosotros en una forma que quien así lo desee puede entrar en la cámara del Rey [Divino]. Todo lo que se requiere es nada más santidad y pureza, sumergirse en la *mikve* (baño ritual), peinarse el cabello y usar ropas limpias para pararse frente a la Majestad Celestial de una manera apropiada.

פרק 8:
כתבי האר"י הקדוש

להכנס להיכל המלך פנימה

(8-1) ולפיכך בואו והבינו, כמה וכמה יש לנו להחזיק טובה לרבותינו המשפיעים אלינו אורותיהם הקדושים ומוסרים נפשם להטיב לנפשינו, שנמצאים עומדים בתוך, בין דרך היסורים הקשים, ובין דרך תשובה, ומצילים אותנו משאול תחתית הקשה ממות, ומרגילין אותנו להגיענו לשמי עונג, לגובה העידון והנועם שהיא חלקינו, המוכן וממתין עלינו מכל מראש כנ"ל, אשר כאו"א כל אחד ואחד פועל בדורו כפי עוצם אור תורתו וקדושתו, וכבר אמרו ז"ל אין לך דור שאין בו כאברהם יצחק ויעקב (בראשית רבה, פרק ע"ד).

(8-2) אמנם זה האיש האלה"י רבינו יצחק לוריא ז"ל, טרח ומצא בעדינו מלא מדתו, הגדיל הפליא על קודמיו, ואם הי' היה לי לשון מדברת גדולות הייתי משבח אותו יום, שנגלה חכמתו כמעט כיום אשר נתנה תורה לישראל. אין די מלה בשיעור פעולתו הקדושה בעדינו, כי היו דלתי ההשגה נעולים בדלתים ובריח, ובא ופתחם אלינו, באופן, שכל מי שמשתתוק לכנוס להיכל המלך פנימה, אין צריך כי אם קדושה וטהרה וילך למרחץ, ולגלח שערו וללבוש בגדים נקיים, כדי לעמוד לפני המלכות העליונה, כיאות.

Capítulo Dos:
Capítulo 8: Los Escritos del Santo Arí

Padre de la sabiduría pero joven en edad

(8-3) Y usted puede ver cómo [el Arí], a la edad de 38 años, sobrepasó con su santa sabiduría a todos sus predecesores, incluyendo a los *Gaonim* y más. Más aún, todos los ancianos de la tierra, los líderes entre los pastores, y los amigos y estudiantes del divino sabio Rav Moshé Cordovero [el maestro del Arí] se levantaron y permanecieron de pie frente a él [el Arí] como estudiantes ante un Rav. Asimismo, todos los hombres sabios de las generaciones siguientes hasta este mismo día, sin que falte alguno, [han] abandonado todos los libros y textos que fueron compuestos antes de él [el Arí], incluyendo la Kabbalah de Rav Moshé Cordovero así como la Kabbalah de las primeras generaciones, y la de los *Gaonim*, de bendita memoria, y todos ellos han adherido la vida de su espíritu exclusivamente a su [del Arí] sabiduría sagrada. Y está de más decir que una victoria tan absoluta como la que este padre de la sabiduría alcanzó [cuando era] todavía joven no viene sin alguna razón.

(8-4) Pero para nuestra gran pena, las acciones de Satán han sido exitosas, y se han colocado obstáculos en el camino de la difusión de su [del Arí] sabiduría a través de la gente santa, y solamente unos pocos han empezado a dominarlos. Esto fue principalmente porque sus [del Arí] enseñanzas fueron escritas de lo que se escuchó, porque cada día él enseñaba la Sabiduría [de la Kabbalah] en frente de estos estudiantes, quienes ya eran muy avanzados en años y estaban muy bien versados en el entendimiento del Zóhar y los *Tikunim* (Correcciones). En la mayoría de los casos, sus santas palabras eran puestas en orden de acuerdo con las preguntas profundas que ellos hacían —cada [estudiante] de acuerdo con su interés [personal]— y por lo tanto, él [el Arí] no transmitió la sabiduría de acuerdo a un orden metódico como las composiciones anteriores que precedieron a la suya.

La Luz de la Sabiduría
Sobre la sabiduría, la vida y la eternida

אב בחכמה ורך בשנים

(8-3) והנך מוצא בן ל"ח שנה, הכריע בחוכמתו הקדושה לכל קודמיו עד הגאונים ועד בכלל. וכל ישישי ארץ אבירי הרועים חברים ותלמידים של החכם האלה"י הרמ"ק (האלקי רבינו משה קורדובירו) ז"ל, קמו עמדו לפניו, כתלמידים לפני הרב, וכן כל חכמי הדורות, אחריהם, עד היום הזה, איש מהם לא נעדר, משכו ידיהם מכל הספרים והחיבורים שקדמוהו, הן קבלת הרמ"ק, והן קבלת הראשונים וקבלת הגאונים, זכר כולם לברכה, וכל חיי רוחם הדביקו בחכמתו הק' הקדושה ביחוד. ומובן מעצמו שלא על חנם זוכין לנצחון מוחלט, כמו שנחל אב החכמה ורך השנים הזה.

(8-4) אולם לדאבון לבינו הצליח מעשה שטן, ונעשו מעקשים בדרך התפשטות חכמתו למרחבי עם קדוש, ומעוטא דמעוטא, החלו לכבוש אותם. והוא בעיקר מפני שהדברים נכתבו מפי השמועה, כמו שדרש בחכמה יום יום לפני תלמידיו שכבר היו ישישי ימים, ובקיאים גדולים בהשגת הזהר ותיקונים ועל פי רוב נערכו אמרותיו הקדושים, לפי השאלות העמוקים שהי' שואלים הימנו כל אחד לפי ענינו, ועל כן לא מסר החכמה על הסדרים הראוים, כמו בשאר החיבורים שקדמו אליו.

Capítulo Dos:
Capítulo 8: Los Escritos del Santo Arí

Orden sin lógica

(8-5) Encontramos en sus escritos que el Arí mismo estaba ansioso de poner todo en orden, y usted puede ver esto en la corta introducción de Jayim Vital a la *Entrada a los Artículos de Rav Shimón bar Yojái* en el comentario *Idrá Zutá*. Lo que se agregó a esto fue el corto período de su enseñanza [a Rav Vital]. La duración total de la enseñanza a sus estudiantes fue alrededor de diecisiete meses, como fue explicado en *La Puerta de la Reencarnación*, capítulo 8. En esta obra se explica que él llegó de Egipto a Safed en el año 5331 después de la Creación (1571 EC), cerca del tiempo de Pésaj, tiempo en el que Rav Jayim Vital tenía veintinueve años de edad. En el año 5332 (1572 EC), el viernes, víspera del Shabat de la porción de Matot-Masei, en el primer día del mes de Av, [el Arí] cayó enfermo: y el martes de la porción semanal de Devarim (Deuteronomio), que era el quinto día de [el mes de] *Menajem Av* (Leo), él [el Arí] se fue para la vida en el Mundo por Venir; estudie allí.

(8-6) Además, [también] encontramos en el capítulo 8 que en su lecho de muerte [el Arí] ordenó a Rav Jayim Vital no enseñar la Sabiduría [de la Kabbalah] a otros. Le permitió solamente dedicarse a este estudio solo y discretamente. Al resto de los amigos se les prohibió totalmente dedicarse a este estudio, diciendo que ellos no habían comprendido apropiadamente esta Sabiduría. Búsquelo allí en detalle. Y esta es la razón por la cual Rav Jayim Vital no arregló los escritos en absoluto, sino que los dejó sin orden. Más aún: él no explicó cómo un asunto estaba conectado con el otro, para que no pareciese que estaba enseñando [esta Sabiduría] a otros. Así, encontramos en él una precaución excesiva en cuanto a esto, [algo que] es sabido por aquellos que están familiarizados con los *Escritos del Arí*.

סדר לא הגיוני

(5-8) ואנו מוצאים בכתבים שהי' היה האר"י ז"ל עצמו משתוקק לזה לעשות סדר בענינים, וע" ועיין זה בשער מאמרי רשב"י (רבי שמעון בר יוחאי) בפירוש האדרא זוטא, בהקדמה קצרה של הרח"ו (רבי חיים ויטאל) ז"ל. ונוסף על זה הוא קצרות זמן לימודו כי כל חיי בית מדרשו הי' היה כי"ז חדשים, כמפורש בש' (שער) הגלגולים (שער ח', דף מ"ט), כי הגיע ממצרים לצפת ת"ו תכונן ותבנה, בשנת של"א ליצירה [1571] קרוב לימי הפסח, והרח"ו (ורבי חיים ויטאל) ז"ל הי' היה אז בן כ"ט שנה, ובשנת של"ב ביום ו' עש"ק ערב שבת קודש פרשת מו"מ מטות ומסעי, בר"ח בראש חודש מנחם אב נחלה וביום ג' [פרשת] דברים ה' מנ"א מנחם אב, נפטר לחיי עולם הבא ע"ש עיין שם.

(6-8) ואיתא ומובא שם עוד בשער ח' דף ע"א עמוד א' שבעת פטירתו נתן צוואה להרח"ו (רבי חיים ויטאל) ז"ל שלא ילמד את החכמה לאחרים, ולו התיר לעסוק בה בפני עצמו בלחישה, אמנם לשאר החברים אסור להתעסק בהם כלל, כי אמר שלא הבינו החכמה כראוי, ע"ש עיין שם בארוכה. והיא הסיבה אשר הרח"ו רבי חיים ויטאל ז"ל לא סידר כלל את הכתבים, והניחם בלי סדרים, ומכ"ש ומכל שכן שלא ביאר הקשרים מענין לענין, כדי שלא יהי' יהיה בזה כמו מלמד לאחרים, ולכן אנו מוצאים הימנו זהירות יתרה בזה כנודע להבקיאים בכהאר"י בכתבי האר"י ז"ל.

Capítulo Dos:
Capítulo 8: Los Escritos del Santo Arí

Tres organizadores diferentes

(8-7) Y aquellos arreglos ordenados que encontramos en los *Escritos del Arí* fueron reunidos y puestos en correcto orden por una tercera generación [de Ravs] por tres diferentes organizadores durante tres períodos. El primero de estos organizadores fue Rav Yaakov Zémaj, quien era un contemporáneo del gran maestro Rav Avraham Azulái, quien falleció en 5404 (1644 EC). Una parte importante de los escritos había llegado a Rav Zémaj, y él compiló muchos libros de ellos. El más importante de estos es *Séfer Adam Yashar* (*El libro del hombre recto*), en el cual reunió el meollo y la esencia de los *Escritos* [*del Arí*] a los que él tuvo acceso. En la introducción a su libro *Kol BaRamá* (*Una voz en lo alto*), Rav Zémaj menciona los nombres de todos los libros que organizó, aunque algunos de estos libros se han perdido.

(8-8) La segunda persona que organizó [los *Escritos del Arí*] fue su [de Rav Zémaj] estudiante erudito, Rav Meir Paprish, quien hizo mucho más que su Rav [maestro] porque algunos de los libros que habían pertenecido al sabio Rav Shmuel Vital habían llegado a él. Rav Paprish compiló muchos libros, los más importantes de los cuales son *Ets HaJayim* (*El Árbol de la Vida*) y *Pri Ets Jayim* (*El fruto del Árbol de la Vida*), los cuales contienen la totalidad de la Sabiduría [de la Verdad] en el pleno sentido de la palabra.

(8-9) El tercer organizador fue el sabio Rav Shmuel Vital, el hijo de nuestro gran maestro y sabio Rav Jayim Vital. Rav Shmuel fue un sabio grande y famoso, quien arregló las famosas Ocho Puertas sacadas de la herencia literaria que le dejó su padre. De ese modo podemos ver que todos y cada uno de estos organizadores no tenían los escritos en su totalidad, y eso causó una carga pesada en términos de la tarea de organizar los temas, los cuales [hasta este día] no están para nada preparados para aquellos que no tienen competencia real en el Zóhar y en el *Tikunéi HaZóhar* (*Correcciones del Zóhar*). Y debido a esto, las personas con conciencia elevada son pocas.

שלושה מסדרים

(7-8) ואלו הסדרים המצויים לפנינו בכתבי האר"י ז"ל, נערכו ונסדרו ע"י על ידי דור שלישי בג' זמנים, וע"י על ידי ג' מסדרים. הראשון למסדרים הי' היה החכם מהר"י מורנו הרב יעקב צמח ז"ל, שהי' היה בזמן אחד עם מהר"א מורנו רבי אברהם אזולאי ז"ל, שנפטר בשנת ת"ד [1644], שהגיע לידו, חלק חשוב מהכתבים, וסידר מהם הרבה ספרים, והחשוב מהם, הוא הספר אדם ישר, שאסף בו שורש ועיקר כל הדרושים המצויים לו, ומקצת ספרים שסידר הרב הנ"ל נאבדו, ובהקדמת ספרו קול ברמה, מביא שם כל הספרים שסידר.

(8-8) מסדר השני הוא תלמידו החכם מהר"מ מורנו הרב מאיר פאפריש ז"ל, והגדיל ביותר מרבו, ז"ל להיות שהגיע לידו, מחלק הכתבים שהי' היה בידי החכם מהר"ש מורנו הרב שמואל וויטאל ז"ל וסידר הרבה ספרים, החשוב מהם, הוא ספר עץ החיים, ופרי עץ חיים, שכוללים מרחבי החכמה, במלוא המובן.

(9-8) השלישי למסדרים, הוא החכם מהר"ש מורנו הרב שמואל וויטאל ז"ל, בן מוהר"ר מורנו הרב רבי חיים וויטאל ז"ל, והי' היה חכם גדול ומפורסם, הוא סידר שמונה שערים המפורסמים, מעזבון שהניח לו אביו ז"ל. ואנו רואים, שכל או"א אחד ואחד מהמסדרים, לא הי' היה לו כל הכתבים בשלימות, וזה גרם להם כובד גדול על סידורם של הענינים, שאינם מוכשרים כלל לאותם שאין להם בקיאות אמיתי בזוהר ותיקונים, וע"כ ועל כן בני עלי' עליה הם מועטים.

Capítulo 9:
Dos es mejor que uno

Las enseñanzas del Baal Shem Tov

(9-1) En adición a esto, guardamos un afecto especial [que viene] del Creador, Quien lo ha hecho así de modo que hemos sido merecedores de alcanzar y merecer el espíritu de nuestra vida —el Baal Shem Tov— cuya historia de grandeza y el poder de su santidad están más allá de cualquier expresión y cualquier palabra. Nadie lo ha contemplado y nadie lo contemplará excepto aquellos que son virtuosos y han servido bajo el brillo de su Luz, y aun ellos solamente [lo contemplan] en una medida apropiada, todos y cada uno de acuerdo con lo que comprenden en su corazón. Y esto es verdad: que la Luz de las enseñanzas [del Baal Shem Tov] y su santa sabiduría están construidas en lo alto de pilares sagrados, especialmente en los del Arí.

(9-2) No obstante, estos dos casos no son similares en absoluto, y explicaré esto por medio de una parábola de alguien que se está ahogando en el río, subiendo y bajando como lo hacen los que se ahogan. Algunas veces solo se les ven los cabellos de la cabeza y entonces se hacen planes para atraparlo y salvarlo por medio de la cabeza, y algunas veces también se les ve el cuerpo, y entonces se planea cómo atrapar su cuerpo en el área del corazón.

(9-3) Así es también este asunto, donde un israelita ha estado ahogándose en las aguas turbulentas del exilio entre las naciones, desde entonces hasta ahora. Se considera que asciende y desciende. Pero no todo el tiempo es lo mismo. En el tiempo de Rav Yitsjak Luria, nada se veía excepto la cabeza, y por lo tanto, Rav Yitsjak Luria trabajó en nuestro beneficio para salvarnos por la cabeza. Pero en el tiempo del Baal Shem Tov, hubo [algo

La Luz de la Sabiduría
Sobre la sabiduría, la vida y la eternida

פרק 9:
טובים השניים מן האחד

קבלת הבעל-שם-טוב

(9-1) ותמור זה חביבה יתירה מודעת לנו מאתו יתברך שהגיענו וזכינו, לרוח אפינו הבעש"ט הבעל שם טוב ז"ל, אשר פרשת גדולתו ועוצם קדושתו, למעלה מכל הגה ומכל מלה, לא התבוננו ולא יתבוננו בו, זולת אותם הזכאים ששמשו לאורו, וגם הם לשיעורין, כל או"א אחד ואחד לפום מאי דקביל בלבי' לפי מה שליבו יכול לקבל. והן אמת, שאור תורתו וחכמתו הק' הקדושה, נבנים על אדני הקודש מהאר"י ז"ל ביחוד.

(9-2) אמנם אין ענינים דומה זה לזה כלל, ואסביר זה ע"ד על דרך משל למי שנטבע בנהר, והוא עולה ויורד כדרך הנטבעין, שלפעמים נגלים רק שערות ראשו, ואז מטכסים תחבולות, איך לתופסו ולהצילו דרך ראשו ולפעמים נראה גם גופו ואז מטכסים תחבולות, לתופסו מכנגד לבו.

(9-3) כן הענין הזה, אחר שאיש ישראל נטבע במים הזדונים גלות העמים, מאז עד עתה, נמצא עולה ויורד, ולא כל הזמנים שוים, אשר בזמן האר"י ז"ל לא נראה אלא ראשו, וע"כ ועל כן טרח האר"י ז"ל בעדינו, להצילנו דרך ראש, ובזמן הבעש"ט

Capítulo Dos:
Capítulo 9: Dos es mejor que uno

de] alivio, y por lo tanto, fue una bendición para nosotros salvarnos por el corazón, y esto se ha vuelto [nuestra] gran e infalible salvación.

(9-4) Pero ahora, debido a nuestros muchos pecados, la rueda ha girado otra vez, y hemos descendido notablemente, como desde un pico alto hasta una fosa profunda. Asimismo, ha habido guerra entre las naciones, lo cual ha confundido al mundo entero. Y las necesidades [de la gente] han crecido, y la mente ha quedado confinada y trastornada por la suciedad del materialismo, que ha tomado el control, y los esclavos cabalgan en caballos mientras los líderes caminan a pie. Y todo lo que fue dicho en la porción de estudio del previamente mencionado Tratado *Sotá* (página 49) se ha vuelto verdad acerca de nosotros a causa de nuestros muchos pecados.

Anhelo

(9-5) Y, una vez más, se ha erigido una pared de hierro para bloquear la gran Luz del Baal Shem Tov, la cual dijimos que seguiría resplandeciendo hasta que nuestra redención total fuera alcanzada. Las personas sabias no creían que hubiera una posibilidad de la llegada de una generación que no viera la Luz [del Baal Shem Tov], y sin embargo, nuestros ojos han perdido su visión, y hemos perdido todo lo que es bueno. Viendo esto, me dije que era tiempo de entrar en acción, y por lo tanto, me he levantado para abrir plenamente las puertas de la Luz del Arí, quien es el [canal] apropiado y apto para esta generación presente también, y dos [el Arí y el Baal Shem Tov] son mejor que uno.

(9-6) Uno no debe culparnos por la consición que es usada en mi escritura porque está adaptada a todos los amantes de la Sabiduría [de la Verdad] y hecha apta para ellos. Después de todo, demasiadas jarras hacen más débil el sabor del vino, y un tema puede volverse una carga para el principiante. No somos responsables de aquellos que son cerrados de mente [lit. cuyo corazón está cubierto de grasa] porque todavía no se ha creado el lenguaje

La Luz de la Sabiduría

Sobre la sabiduría, la vida y la eternida

הבעל שם טוב ז"ל הי' היה הרוחה, וע"כ ועל כן הי' היה לברכה בעדינו, להצילנו מכנגד הלב, והי' היה לנו לתשועה גדולה ונאמנה.

(9-4) ובעוה"ר ובעוונותינו הרבים חזר ונהפך הגלגל בדורינו זה, וירדנו פלאים, כמו מאגרא רמא לבירא עמיקתא (מהר גבוה לבור עמוק), ונוסף עלינו התנגשות העמים, אשר בלבל כל העולם כולו, ונעשו הצרכים מרובים, והדעת קצרה, ומשובשה בזוהמת החומר, הנוטל חלק בראש, ועבדים רוכבים על סוסים, ושרים לארץ יהלכו, וכל הנאמר במתניתין במס' במסכת סוטה (דף מ"ט) הנ"ל נתקיימה בנו בעוה"ר (בעוונותינו הרבים).

השתוקקות

(9-5) ושוב נעשה מחיצה של ברזל, גם לאור הגדול הזה של הבעש"ט (הבעל שם טוב) ז"ל, אשר אמרנו שהולך ואור עד נכון גאולתינו השלימה, ולא האמינו חכמי לב בהאפשרות בדור יבוא ולא יוכלו לראות לאורו, והנה חשכו עינינו נשינו טובה, ובראותי זה אמרתי עת לעשות, וע"כ ועל כן קמתי לפתוח בהרחבה פתחי אורה של האר"י ז"ל, שהוא הוא המסוגל ומוכשר גם לדורינו זה כנ"ל, וטובים השנים מהאחד.

(9-6) ואין להאשימנו על הקיצור לשון הנוהג בחיבורי, להיות זה מותאם, ומוכשר לכל אוהבי חכמה, כי ריבוי הקנקנים מפיגין טעם היין, ויוכבד המושג על המעיין. ואין אנו אחראין לשמיני הלב, בשעדיין לא נברא הלשון להועילם,

Capítulo Dos:
Capítulo 9: Dos es mejor que uno

para ayudarlos, y en cada lugar en el que ponen sus ojos, allí encuentran un objeto de su estupidez. Hay una regla que establece que el lugar del cual el sabio extrae la fuente de su sabiduría es el mismo lugar del cual el tonto extrae la fuente de su estupidez.

(9-7) De modo que en principio, estoy parado al comienzo de mi libro y declaro que no he trabajado en absoluto para aquellos que les gusta ver por encima de los topes de las chimeneas, sino más bien para aquellos a quienes la palabra del Creador es querida y cuyo deseo de seguir al Creador y Su bondad se mantiene aumentando a fin de completar la tarea para la cual ellos fueron creados, de modo que con la Voluntad del Creador, las palabras de la Escritura —"Todos aquellos que Me buscan diligentemente Me encontrarán" (Proverbios 8:17)— serán cumplidas en ellos.

La Luz de la Sabiduría
Sobre la sabiduría, la vida y la eternida

ובכל מקום שנותנים עיניהם, מזומן להם חפץ הכסילות, וכללא נקוט, שמאותו מקום שהחכם שואב מקורי חכמתו שואב משם הכסיל מקור אולתו.

(7-9) ובכלל אני עומד בראש ספרי ומזהיר שלא טרחתי כלל, לכל אותם האוהבים להסתכל בארובות, זולת לאותם שדבר ה' יקר להם, והולכים ומתגעגעים לנהור אחר ה' וטובו, בכדי להשלים המטרה שבשבילה נבראו, כי יתקיים בהם ברצות ה' הכתוב כל משחרי ימצאוני (משלי ח', י"ז) וכו'.

Capítulo 10:
La Torá y el pueblo

Un camello transportando seda

(10-1) Ven y ve las palabras del sabio Rav Avraham Ibn Ezra [1089-1164 EC] en su libro *Yesod Morá* (*Fundamento del temor reverente*) página 8b. Y estas son sus palabras en la sección 4: "Pongan ahora atención y sepan que todos los Preceptos —ya sea que estén escritos en la Torá o sean aceptados en virtud de haber sido instituidos por nuestros antepasados, aunque la mayor parte de ellos son en actos o verbales— están todos dirigidos a corregir el corazón porque 'el Creador escudriña todos los corazones y conoce todo plan y pensamiento' (Crónicas I 28:9). Y está dicho: 'Para aquellos que son rectos en sus corazones' (Salmos 125:4) y lo opuesto de esto es: 'el corazón que trama planes perversos' (Proverbios 6:18) y encontré un pasaje que se aplica a todos estos Preceptos, a saber: 'Debes sentir temor reverente del Creador, tu Señor, y debes servirle a Él' (Deuteronomio 6:13)".

(10-2) Estas palabras: "temor reverente" incluyen todos los Preceptos "no hagas" en el discurso, el corazón y el actuar, y esta es la primera etapa desde la cual uno asciende al trabajo [espiritual] con el Creador, que incluye todos los Preceptos "haz". Y estos [los Preceptos de "haz"] entrenarán a su corazón y lo guiarán hasta que se adhiera al Creador, porque este es el propósito para el cual fue creada la humanidad. [Una persona] no fue creada para ganar riqueza y construir edificios, etc., y por lo tanto, debe buscar todo lo que lo haga amarlo [al Creador], aprender la Sabiduría y buscar la certeza, etc. "Y el Creador abrirá los ojos de su corazón y renovará en él un espíritu diferente. Entonces, durante su vida, él se volverá el amado de su Hacedor, etc.".

פרק 10:
התורה והעם

גמל נושא משי

(10-1) ובא וראה דברי פי חכם, הר"א (הרב אברהם) אבן עזרא ז"ל (1089-1164) בספרו יסוד מורא דף ח' ע"ב, וז"ל זה לשונו בא"ד באות ד', ועתה שים לבך ודע, כי כל מצוות הכתובות, בתורה או המקובלות שתקנו האבות, אעפ"י אף על פי שרובם הם במעשה או בפה, הכל הם לתקן הלב, כי כל לבבות דורש ה', וכל יצר מחשבות מבין (דברי הימים כ"ח, ט'). וכתוב (תהילים רכ"ב, ד'), לישרים בלבותם, והפך זה לב חורש מחשבות און וכו' (משלי ו', י"ח) ומצאתי פסוק אחד כולל לכל המצוות, והוא, את ה' אלהי"ך תירא ואותו תעבוד (דברים ו', י"ג).

(10-2) והנה מלת "תירא", כולל לכל מצות לא תעשה, בפה ולב ומעשה, וזו היא המדרגה הראשונה, שיעלה ממנה, אל עבודת ה' יתעלה, שהיא כוללת כל מצות עשה, ואלה, ירגלו לבו וידריכוהו, עד כי ידבק בהשם יתברך הנכבד, כי בעבור זה נברא האדם, כי לא נברא לקנות הון ולבנות בנינים וכו' ע"כ על כן יש לו לבקש כל דבר שיביאנו לאהוב אותו ללמוד חכמה, ולבקש האמונה, וכו', וה' יפקח עיני לבו ויחדש בקרבו רוח אחרת. אז יהי' יהיה בחייו אהוב ליוצרו וכו'.

(10-3) Y usted debe saber que la Torá es dada solamente a personas "que tienen un corazón" porque las palabras son como cadáveres, pero su más profundo *taam* (sabor, significado) es como el alma, de modo que sin entender el más profundo significado, todo el esfuerzo es en vano y el trabajo es tan inútil como el aire caliente. Esto es parecido a una persona que se preocupa en contar las páginas y número de letras de un libro de texto médico, aunque de este trabajo no puede obtener curaciones. Y [esta persona] es tal como un camello que transporta seda aunque [el camello] no puede hacerle bien alguno a la seda, ni puede la seda hacerle algún bien a él; fin de la cita [de Rav Ibn Ezra], palabra por palabra.

Sabiduría del corazón

(10-4) Lo que extraemos de sus palabras es una [cosa]: mantener nuestro enfoque en el propósito para el cual fue creado el hombre. Él [Rav Avraham Ibn Ezra] dice al respecto [de este propósito] que es la adhesión al Creador honorable. Y por lo tanto, él dice que la persona tiene que buscar los trucos que lo conduzcan a amar al Creador, aprender la Sabiduría [de la Verdad] y buscar la certeza hasta que merezca que el Creador abra "los ojos de su corazón" y renueve en él un espíritu diferente. Porque es entonces que él se volverá el amado de su Hacedor en su vida. Y él [Rav Ibn Ezra] especifica enérgicamente que una persona debe volverse el amado de su Hacedor en su vida, indicando que mientras él todavía no haya merecido este beneficio [de la sabiduría y la certeza], su trabajo [espiritual] no está completo y que la tarea que nos han dado definitivamente tiene que hacerse hoy.

(10-5) [Rav Ibn Ezra] concluye diciendo que la Torá fue entregada solamente a personas que "tienen un corazón", es decir: aquellos que han adquirido un corazón a través del cual pueden amar [a su Hacedor] y anhelar por Él. En el lenguaje de los sabios, ellos son llamados "sabios en su corazón" porque ya no tienen un espíritu animal, que desciende,

(10-3) ודע כי התורה לא נתנה אלא לאנשי לבב. כי התיבות כגויות, והטעמים כנשמות, ואם לא יבין הטעמים כל עמלו שוא ועמל ורוח, כמו המייגע עצמו לספור הדפין והתיבות שבספר רפואה, שמזאת הגיעה לא יוכל לרפאות מזור, וכמו גמל נושא משי, והוא לא יועיל להמשי, והמשי לא יועילנו, עכ"ל עד כאן לשונו אות באות.

חכמי הלב

(10-4) הנשאב מדבריו ז"ל שהוא באחת, דהיינו לאחוז בהמטרה, שעליה האדם נברא. ואומר עליה, שהיא ענין הדביקות בהשם ית' הנכבד, ואומר ע"כ על כן, שהאדם מחויב לחזור אחר התחבולות, שיביאנו לאהוב אותו, ללמוד חכמה ולחפש אמונה, עדי שיזכה שהש"י שהשם יתברך יפקח עיני לבו, ויחדש בקרבו רוח אחרת, שאז יהיה בחייו אהוב ליוצרו. ובכוונה גדולה מדייק זה שיה"י יהיה בחייו אהוב ליוצרו, להורות, שכל עוד שלא זכה לקנין הזה, אין עבודתו שלימה, והעבודה בהכרח שנתנה לנו היום לעשותם.

(10-5) וכמו שמסיים על זה כי התורה לא נתנה אלא לאנשי לבב, כלומר, שהשיגו לב, לאהוב אותו ויחמדהו, שהם נקראים בלשון חכמים חכמי לב להיות שאין שם עוד רוח הבהמי היורד למטה, שאין היצה"ר היצר הרע שורה אלא בלב פנוי מחכמה. ומפרש ואומר שהתיבות כגויות, והטעמים כנשמות, ואם לא יבין הטעמים, הרי

ya que la Inclinación al Mal reside solamente en un corazón que carece de sabiduría. Y explica más y dice que las palabras son como cadáveres, pero que su *taam* (sabor, significado) es como el alma. Si uno no entiende el significado, es como alguien que se ocupa en contar las páginas y las palabras de un tratado médico, aunque de esta clase de trabajo nadie puede obtener alivio y cura para los demás.

Aspecto interno de la Torá

(10-6) Lo que él trata de decir es que uno debe por necesidad encontrar herramientas [lit. planes] para ganar el bien antes mencionado porque entonces puede uno saborear el *taam* (sabor, significado) de la Torá, que es el objeto de la Sabiduría interna y sus misterios, así como el *taam* de los Preceptos, que es el amor y el anhelo por Él [el Creador]. Porque sin esto [el *taam*], una persona solamente tiene palabras y actos, que son cadáveres sin almas. Esto es como una persona que trabaja contando las páginas y las palabras de un texto médico, etc.

(10-7) Ciertamente, [la sabiduría de] la medicina no puede ser completamente entendida antes de que uno [verdaderamente] entienda el significado del texto médico, aun después de que vaya y lo compre con todo el dinero que se le pidió pagar por este. Y si él no estudia las cosas en el orden apropiado del estudio y la acción no es arreglada para llevarnos a eso, entonces él es como un camello que transporta seda sin hacer ningún bien a la seda, ni la seda beneficia a esta persona para llevarla a la intención perfeccionada para la cual [él] fue creado.

זה דומה למייגע עצמו לספור דפין ותיבות שבספר רפואה, שמזאת היגיעה לא יוכל לרפאות מזור.

פנימיות התורה

(10-6) רצונו לומר שבהכרח מחוייב למצוא התחבולות, לזכות להקנין הנזכר, שאז מסוגל לטעום טעמי תורה, שהוא ענין החכמה הפנימית ומסתריה, וטעמי מצוה שהוא ענין האהבה והחמדה אליו ית' יתברך, שבלעדי זה, נמצא שאין לו, אלא התיבות והמעשים לבד, שהמה גויות בחוסר נשמות, שדומה למייגע עצמו לספור דפין ותיבות שבספר רפואה וכו'.

(10-7) שודאי לא יושלם בו הרפואה, מטרם שמבין פירושה של הרפואה הכתובה, וגם אחר שילך ויקנה אותה בכל הדמים שיפסקו עלי' עליו, ואם סדרי הלימוד והמעשה אינם מסודרים להביאנו לזה, דומה לגמל נושא משי שהוא אינו מועיל להמשי, והמשי לא יועילנו להביאו אל שלימות הכוונה שבשבילה נברא.

Capítulo 11: La Divina Providencia

Diferentes campamentos y grupos

(11-1) De estas palabras, podemos alcanzar la "apertura de los ojos" [mencionada] en el dicho de Rav Shimón en *Midrash Rabá*, capítulo 6, acerca del pasaje: "Hagamos al hombre" (Génesis 1:26) que dice lo siguiente: ("Cuando el Creador estaba a punto de crear al Hombre, Él consultó con Sus Ángeles Servidores,) quienes estaban divididos en dos diferentes campamentos y grupos, algunos de ellos decían: 'Que él sea creado', y otros decían: 'Que él no sea creado'. Acerca de esto, está escrito: 'La Misericordia y la Verdad se reunieron; la Justicia y la Paz se besaron' (Salmos 85:11).

(11-2) La Misericordia dijo: 'Que sea creado, porque realizará actos de misericordia'. La Verdad dijo: 'Que no sea creado, porque él es todo mentiras'. La Justicia dijo: 'Que sea creado, porque hace justicia', y la Paz dijo: 'Que no sea creado, porque todo él es pendencias'. ¿Qué hizo el Creador? Tomó a la Verdad y la arrojó al suelo, como está escrito: '... y la Verdad fue arrojada al suelo' (Daniel 8:12).

(11-3) [Luego] los ángeles dijeron al Creador: '¿Por qué deshonras Tu Sello? Deja que la Verdad ascienda de la Tierra'. De aquí que esté escrito: 'La Verdad brotará de la Tierra'" (Salmos 85:12). Estudie ese [*Midrash Rabá*] bien.

(11-4) Y he aquí que esta historia está llena de dificultades de todas las direcciones: (1) Todavía no hay aquí explicación con respecto a la seriedad del versículo: "Hagamos al Hombre". En verdad, ¿necesita [el Creador] consejo, el Cielo no lo permita, como dicen las Escrituras: "La salvación viene del corazón de un consejero" (Proverbios 11:14)?; (2) [Con

פרק 11:
השגחה עליונה

כתות, כתות; חבורות, חבורות

(11-1) ועפ"י ואף על פי הדברים הללו, השגנו פקיחת עינים במאמר ר' סימון, במדרש רבה פרק ו' על פסוק, נעשה אדם (בראשית א', כ"ו), וז"ל וזה לשונו: (שבא הקב"ה הקדוש ברוך הוא לבראות את האדם נמלך במלאכי השרת) שנעשו כתות כתות חבורות חבורות, מהם אומרים יברא, ומהם אומרים אל יברא, הה"ד הדא הוא דכתיב (וזה שכתוב) חסד ואמת נפגשו, צדק ושלום נשקו (תהילים פ"ה, י"א).

(11-2) חסד אמר יברא, שהוא גומל חסדים. אמת אמר אל יברא, שכולו שקרים. צדק אמר יברא, שהוא עושה צדקות, ושלום אמר אל יברא, שכולו קטטה. מה עשה הקב"ה הקדוש ברוך הוא, נטל האמת והשליכו לארץ הה"ד הדא הוא דכתיב (וזה שכתוב) ותשלך אמת ארצה (דניאל ח', י"ב).

(11-3) אמרו מלאכי השרת לפני הקב"ה הקדוש ברוך הוא, מה אתה מבזה תכסיס אלתכסייה)חותם(שלך, תעלה האמת מן הארץ, הה"ד הדא הוא דכתיב (וזה שכתוב) אמת מארץ תצמח (תהילים פ"ה, י"ב) עש"ה עיין שם היטב [במדרש רבה].

(11-4) והנה המאמר הזה מוקשה הוא סביב סביב, א' עדיין לא נתבאר בזה חומר הכתוב דנעשה אדם וכי ח"ו חס ושלום לעצה הוא צריך עד"ה על דרך הכתוב תשועה בלב יועץ (משלי י"א, י"ד). ב', פה אמת, איך יאמר על כלל מין האדם שכולו שקרים, והא אין לך דור, שאין בו כאברהם יצחק ויעקב (בראשית רבה, פרק ע"ד). ג', ואם כנים שפתי אמת, איך מלאכי חסד וצדקה הסכימו על עולם שכולו שקר. ד',

Capítulo Dos:
Capítulo 11: La Divina Providencia

respecto a] una boca [que habla] la verdad, ¿cómo puede decir aquí que la totalidad de la especie humana es toda mentiras? Después de todo, no hay generación que no tenga gente como Avraham, Yitsjak y Yaakov (Bereshit Rabá, 74); (3) Y si los labios de la Verdad hablan honestamente, ¿cómo es que los Ángeles de la Misericordia y la Justicia están de acuerdo acerca de un mundo que es todo mentiras? (4) ¿Por qué es llamada la Verdad un Sello —[algo que aparece] al final de una carta— lo cual significa necesariamente que hay una realidad de esencia aparte de la del Sello? Realmente, más allá del límite de la Verdad, seguramente no hay ninguna realidad en absoluto. (5) ¿Es posible que el Ángel de la Verdad piense que cualquier acción del Ejecutor de la Verdad [el Creador] no es, el Cielo no lo permita, verdadera? (6) ¿Por qué mereció la Verdad este castigo severo de ser arrojada al suelo y al interior del suelo? (7) ¿Por qué la respuesta de los ángeles no fue mencionada en la Torá, como lo fue la pregunta que se les planteó?

La Providencia, la que gobierna a la realidad

(11-5) Debemos entender estos dos tipos de supervisión expuestos ante nosotros que son diametralmente opuestos. Ellos son la supervisión de la realidad total de este mundo, y la supervisión de las formas de existencia para que todas y cada una sea establecida en la realidad frente a nosotros. En un extremo encontramos la supervisión fiable, con la más maravillosa Providencia creíble gobernando a todas y cada una de las criaturas en la existencia. Y para este propósito podemos usar, por ejemplo, las guías de la Creación para explicar la existencia de la especie humana.

(11-6) Encontramos que el propósito primario del hombre es el amor y el placer, que son siempre confiables y fieles a su misión. Justo después de que es expulsado del cerebro de su padre [como un espermatozoide], la Providencia lo provee con un lugar seguro, protegido de cualquier daño, dentro [lit. entre las sábanas] del vientre de su madre, en forma

למה נקרא האמת תכסיס אלתכסייה, שפי' חותם, הבא בשולי המכתב, אשר בהכרח שיש מציאות של עיקר חוץ מהחותם, אמנם חוץ מגבול האמת, ודאי שאין שם מציאות כלל. ה', היתכן למלאכי אמת, לחשוב לפועל אמת, שאין ח"ו חס ושלום פעולתו אמת. ו', מה הגיע לו להאמת מתוך עונשו הקשה שנשלך עד לארץ ולתוך הארץ. ז', למה לא מובא תשובת המלאכים בתורה כמו שמובא השאלה אליהם.

ההשגחה השולטת במציאות

(11-5) וצריך להבין אותם ב' ההנהגות הערוכות לעינינו, ההפכים מן הקצה אל הקצה שהם הנהגה של הוויות כל המציאות של עולם הזה, והנהגה של אופני הקיום, להעמדתם של כאו"א כל אחד ואחד, מהמציאויות שלפנינו. כי מקצה מזה, אנו מוצאים הנהגה נאמנה, בהשגחה מאושרה עד להפליא, השולטת, להתהוות כל בריה ובריה מהמציאות, וניקח לדוגמא, סדרי הויה למציאות האדם.

(11-6) והנה האהבה והעונג סבה ראשונה שלו, הבטוחה והנאמנה לשליחותה, ותיכף אחר שנעקר ממוח אביו, ההשגחה מזמנת לו מקום בטוח, משומר מכל נזק, בין המצעות שבבטן אמו, באופן שכל זר לא יגע בו, שמה, ההשגחה מכלכלת

Capítulo Dos:
Capítulo 11: La Divina Providencia

[tal] que ningún extraño lo puede tocar. Allí la Providencia lo sustenta con su alimento diario todos y cada uno de los días, de acuerdo con su tamaño, y también se ocupa de todas sus necesidades, sin olvidarlo por un minuto, hasta que tiene suficiente fuerza para salir al aire de nuestro mundo cargado de obstáculos.

(11-7) Luego la Providencia le presta fuerza y poder, y como un viejo héroe veterano armado y experimentado, se adelanta y abre las puertas y derriba sus paredes hasta que se encuentra con personas en quienes se puede confiar y quienes lo ayudarán con amor y misericordia a sostener su propia existencia a través de su infancia [lit. los días de su debilidad] porque ellos son lo más querido para él de todas las personas del mundo. Y así procede la Providencia a abrazarlo hasta que lo hace apto para su existencia y para la perpetuación de su existencia después de él. Y tal como con los humanos, así es el caso con los animales y las plantas. Todos están bajo supervisión, con gran portento que asegura su existencia misma, y todos los científicos saben esto.

La ilusión de la falta de Providencia

(11-8) Por otra parte, cuando miramos a los órdenes de posicionamiento y la economía de los modos de existencia de aquellas realidades "desde los cuernos de los carneros hasta los huevos de los piojos" (Tratado Shabat 107b) encontramos confusión de orden, tal como en un campamento de un ejército que huye del campo de batalla, derrotado y enfermo y afligido por el Creador. Y todo su vigor es para matar, porque no tienen otra forma de existencia, a excepción de pasar por el dolor y el sufrimiento primero. Se ganan su pan con gran peligro. Hasta la más pequeña sabandija se rompe los dientes cuando sale en busca de alimento, y cuántos gruñidos da hasta que obtiene suficiente comida para comer de acuerdo con sus necesidades de manera que pueda existir. Y esta situación es similar en todos [los seres], desde el más pequeño hasta el más grande [incluyendo],

לו לחם חוקו, דבר יום ביומו, לפי מדתו, וכן מטפלת עמו בכל צרכיו, לא תשכחהו רגע, עד שירכוש לו חיל, לצאת לאויר ארצינו המלאה מעקשים.

(11-7) ואז, ההשגחה משאלת לו עצמה וכח, וכמו גבור מזויין זקן ורגיל, הולך ופותח שערים ושובר בחומותיו. עד שבא בין אנשים כאלו, שאפשר לבטוח עליהם, שיעזרוהו כל ימי חולשתו, להיותם היקרים לו מכל בני חלד, באהבה ורחמים וגעגועים עצומים בעד קיום מציאותו, וכן הולכת ההשגחה ומחבקתו עד שמכשרתו למציאותו ולהשתלשלות מציאותו אחריו. וכמקרה האדם כן מקרה מין החי, ומין הצומח, כולם מושגחים בהפלאה יתירה המבטחת הויתם למציאותם, וידעו זאת כל חכמי הטבע.

אשליית חוסר ההשגחה

(11-8) ומעבר מזה מקצה השני, בהסכלותינו על סדרי העמדה וכלכלה באופני הקיום של אותם המציאות מקרני ראמים עד ביצי כינים (מסכת שבת ק"ז, עמוד ב'), אנו מוצאים בלבול סדרים, כמו בין מחנה הבורחת משדה המערכה מוכים וחולים נגועי אלהי"ם, וכל חיתם לממותים, אין להם זכות קיום, זולת בהקדם יסורין ומכאובים, ובנפשם יביאו לחמם, ואפי' ואפילו כנה הקטנה שוברת שניה בעת צאתה לסעודתה, וכמה כרכורים היא מכרכרת עד שמשגת אוכל לפיה די

Capítulo Dos:
Capítulo 11: La Divina Providencia

no es necesario decirlo, la especie humana —la escogida entre todas las criaturas— que tiene "su mano contra todo hombre y la mano de todo hombre contra él" (Génesis 16:12).

La Luz de la Sabiduría
Sobre la sabiduría, la vida y la eternida

סעודתה, לזכות קיומה, וכמוה מקרה אחד לכולם הקטנים עם הגדולים, ואינו צריך לומר במין האדם מובחר היצורים אשר ידו בכל ויד כל בו (בראשית ט"ז, י"ב).

Capítulo 12:
El patrón de la Creación (A)

Luz Interior y Luz Circundante

(12-1) Hasta en las Diez Sefirot de la Santidad, podemos discernir la importancia de los dos opuestos, con las nueve primeras *sefirot* siendo todas acerca de compartir y la Sefirá de Maljut (Reino) siendo toda acerca de recibir. Además, las primeras nueve *sefirot* están llenas de Luz, en tanto que Maljut no tiene nada ni genera nada por sí misma. Este es el secreto de lo que notamos en cada *Partsuf* (Estructura Espiritual): dos clases de Luz, que están caracterizadas como Luz Interna y Luz Circundante, así como dos clases de Vasijas, las cuales son: la Vasija Interior para la Luz Interior y una Vasija Exterior para la Luz Circundante.

(12-2) Esta [separación existe] debido a los dos opuestos antes mencionados, ya que no es posible que dos opuestos se junten en un objeto. Por lo tanto, se requiere que haya un objeto retenedor especial para la Luz Interior y otro objeto retenedor para la Luz Circundante, como he explicado con amplitud en el libro *Panim Meirot Umasbirot* (*Rostro que ilumina y explica*), ramas 2 y 4.

Uno y su opuesto

(12-3) Sin embargo, en la [Realidad de la] Santidad, ellos no son realmente opuestos porque [en la Sefira de] Maljut están unidos con las primeras nueve *sefirot* en el secreto de la unificación [espiritual]. Así, la cualidad [de Maljut] es también compartir, de acuerdo con el secreto de la Luz Retornante, como se discute en *Panim Meirot Umasbirot* (*Rostro que ilumina y explica*), rama 4. Este, sin embargo, no es el caso con [la Realidad de] la *Sitra Ajra* (el Otro Lado o Impureza), que no tiene nada

פרק 12:
תבנית הבריאה (א)

אור פנימי ואור מקיף

(12-1) אמנם גם בעשר ספירות דקדושה, אנו מבחינים, ערך של ב' הפכים, להיות ט' ספירות ראשונות ענינם בצורת השפעה, ומלכות ענינה לקבלה, וכן ט"ר ט' (ספירות) ראשונות מלאים אור, והמלכות, לית לה מגרמה ולא מידי אין לה משל עצמה ולא כלום, וז"ס וזה סוד שאנו מבחינים בכל פרצוף, ב' בחי' בחינות באור, שהם או"פ אור פנימי ואו"מ ואור מקיף, וב' בחי' בחינות בכלים, שהם כלי פנימי לאו"פ אור פנימי וכלי חיצון לאור מקיף.

(12-2) והוא מסבת ב' הפכים הנז' הנזכרים שא"א שאי אפשר לב' הפכים שיבואו בנושא אחד, וע"כ ועל כן צריכים לנושא מיוחד, לאו"פ לאור פנימי, ולנושא מיוחד לאור מקיף, כמו שהארכתי בפמ"ס בפנים מסבירות ענף ב' וד'.

זה לעומת זה

(12-3) אולם בקדושה אינם הפכים ממש, להיות המלכות נמצאת עם הט"ר ט' [ספירות] ראשונות בסוד הזיווג, ויהי' יהיה גם תכונתה להשפיע בסוד או"ח אור חוזר, כמ"ש כמו שנאמר בפמ"ס בפנים מסבירות ענף ד'. משא"כ מה שאין כן הס"א הסטרא

87

Capítulo Dos:
Capítulo 12: El patrón de la Creación (A)

de las primeras nueve *sefirot* en sí misma. Toda su estructura está fuera del Espacio Vacío, que tiene que ver con la magnitud de la Forma [del Deseo de] Recibir, sobre el cual el primer *Tsimtsum* (Restricción) tuvo lugar.

(12-4) Y aún después de que la Iluminación de la Línea alcanzó el *reshimu* (impresión), esta raíz permaneció sin Luz, como es discutido en *Panim Meirot Umasbirot*, rama 1. Y por lo tanto, [la *Sitra Ajra*] es el opuesto absoluto de pies a cabeza de la vida y de la Santidad. [Y] este es el significado secreto del pasaje: "El Creador hizo tanto a uno como al otro" (Eclesiastés 7:14). Y por lo tanto, son llamados muertos, como se declaró allí.

Katnut (Pequeñez) y *Gadlut* (Grandeza)

(12-5) Hemos antes explicado en la sección 6 que todo el propósito del *Tsimtsum* (Restricción) era que las almas pudieran ser adornadas con la Similitud de Forma con su Hacedor, que es la transformación de las Vasijas de Recibir en la Forma de Compartir, como está discutido allí (6-8). Y en ese estado, resulta que este objetivo sigue siendo negado por la construcción de los *Partsufim* (Estructuras Espirituales) de [la Realidad de] la Santidad porque no hay existencia allí para el Espacio Vacío, que es la Forma de la magnitud del [Deseo de] Recibir, en el cual el *Tsimtsum* (Restricción) fue aplicado, y por lo tanto, no puede haber Corrección a algo que no está en realidad allí. De manera similar, del aspecto de la construcción de la *Sitra Ajra* (el Otro Lado), ciertamente no hay Corrección, aun si tienen el aspecto del Espacio Vacío, porque [el Otro Lado] es totalmente lo opuesto [de la Santidad] y todo lo que recibe está destinado a la muerte.

(12-6) Por lo tanto, un hombre de Este Mundo es lo que necesitamos. En su *katnut* (pequeñez), resulta que está sustentado y alimentado por la *Sitra Ajra* (Otro Lado), y hereda de esta las Vasijas del Espacio Vacío. Pero en su *gadlut* (grandeza) él cruza y se conecta a la estructura de la

La Luz de la Sabiduría
Sobre la sabiduría, la vida y la eternida

אחרא, (הצד האחר) שאין להם מבחי' מבחינת ט"ר ט' [ספירות] ראשונות כלום ועיקר בנינם מחלל הפנוי שהוא ענין גדלות הצורה של קבלה, שעליה הי' היה הצמצום הא'.

(12-4) שאפי' אפילו אחר שהגיע הארת הקו לתוך הרשימו נשאר שורש הזה בלי אור כמש"כ כמו שכתוב בפמ"ס בפנים מסבירות ענף א' וע"כ ועל כן המה הפכים מראש עד רגל לעומת החיים והקדושה, בסוה"כ בסוד הכתוב זה לעומת זה עשה אלהי"ם (קוהלת ז', י"ד), וע"כ ועל כן נקראים מתים כמ"ש כמו שכתוב שם.

קטנות וגדלות

(12-5) והנה נתבאר לעיל באות ו', שכל ענין הצמצום הי' היה רק להתקשטות הנשמות בדבר השוואת הצורה ליוצרם, שהוא ענין התהפכות כלי קבלה על צורת השפעה, כמו"ש כמו שנאמר שם (6-8), ובמצב הנז' הנזכר, נמצא המטרה הזאת עודנה משוללת, הן מצד בנין פרצופין דקדושה, שאין שם כלום מבחי' מבחינת חלל הפנוי, שהוא צורת גדלות הקבלה, שעליה הי' היה הצמצום, וע"כ ועל כן, לא יארע שום תיקון לדבר שאינה שם במציאות, וכן מצד בנין הס"א הסטרא אחרא, (הצד האחר), ודאי אין כאן שום תיקון, אע"ג אף על גב שיש להם מבחי' מבחינת חלל הפנוי, שהרי ענינה הפוכה לגמרי, וכל מה שמקבלת למיתה עומד.

(12-6) וע"כ ועל כן, אך לאדם דעולם הזה צריכין, שבקטנותו מצוי בכלכלה וקיום הס"א הסטרא אחרא, (הצד האחר), ויורש מהם הכלים דחלל הפנוי, ובגדולתו עובר ומתחבר לבנין הקדושה, בסגולת תורה ומצוות להשפיע נ"ר נחת רוח ליוצרו,

Capítulo Dos:
Capítulo 12: El patrón de la Creación (A)

Santidad por virtud de la Torá y los Preceptos por medio de dar placer a su Hacedor. Y así transforma la magnitud del [Deseo de] Recibir, que ya ha adquirido, de modo que es arreglado en él solamente por el Propósito de Compartir. En este caso, él resulta estar haciendo su Forma similar a la del Creador, y así la intención [del Creador] es satisfecha [en esta persona].

(12-7) Y este es el secreto de la existencia del tiempo en este mundo, porque usted puede ver desde el comienzo [que] estos dos opuestos fueron divididos en dos realidades [lit. sujetos] separadas una de la otra, a saber: la [Realidad de la] Santidad y [la Realidad de] la *Sitra Ajra* (Otro Lado), de acuerdo con el secreto de "uno es el opuesto del otro". Esto es porque la Corrección todavía estaba retenida de ellos, como se mencionó antes (12-5), ya que [ambos opuestos] tienen que estar presentes en el mismo objeto retenedor, que es el hombre, como se mencionó antes (12-6). Y por lo tanto, debemos tener, por necesidad, un orden [lineal] de los tiempos porque entonces los dos opuestos podrían aparecer en el hombre, uno después del otro, esto es: durante el tiempo de *katnut* (pequeñez) y el tiempo de *gadlut* (grandeza), como fue dicho antes (ibid.).

La Luz de la Sabiduría
Sobre la sabiduría, la vida y la eternida

ונמצא מהפך גדלות הקבלה שכבר קנה, שתהי' תהיה מסודרת בו רק ע"מ על מנת להשפיע, שנמצא בזה משוה הצורה ליוצרה, ומתקיים בו הכונה.

(7-12) וזה סוד מציאת הזמן בעולם הזה, דהנך מוצא שמתחילה נתחלקו ב' ההפכים הנ"ל, לב' נושאים נפרדים זה מזה, דהיינו הקדושה, והס"א והסטרא אחרא (הצד האחר), בסוד זה לעומת זה, שעדיין נשלל מהם התיקון כנ"ל (12-5), מפני שמחוייבים להמצא בנושא אחד, שהוא האדם, כנ"ל (12-6). וע"כ ועל כן בהכרח, למציאות סדר זמנים אנו צריכים, שאז יהי' ב' ההפכים באים בהאדם, בזה אחר זה, כלומר, בזמן קטנות, ובזמן גדלות כאמור (12-6).

Capítulo 13:
El patrón de la Creación (B)

Luz Directa y Luz Retornante

(13-1) A través de esto, usted entenderá la necesidad del Rompimiento de las Vasijas y sus cualidades, como se discute en el Zóhar y en los *Escritos del Arí*, Rav Yitsjak Luria. Porque es sabido que hay dos clases de Luz que pueden encontrarse yendo hacia atrás y hacia delante (heb. *ratsó vashov*) a través de las Diez Sefirot. La primera Luz es la Luz del *Ein Sof* (Infinito), que va "adelante" de Arriba hacia abajo y es llamada *Or Yashar* (Luz Recta o Directa). La segunda Luz, que es generada por la Vasija de Maljut (Reino), va "hacia atrás" de Abajo hacia arriba y es llamada *Or Jozer* (Luz Retornante). Estas dos [formas de Luz] realmente se reúnen en una [Luz].

(13-2) Y usted debe saber que [los sabios] dijeron: Que del *Tsimtsum* (Restricción) hacia abajo, el punto de *Tsimtsum* está impedido de recibir en lo absoluto Luz alguna y queda un Espacio Vacío, y que la Luz Celestial ya no aparece en la última [cuarta] fase antes de que la Corrección sea completada. Todo esto ha sido dicho particularmente con respecto a la Luz Infinita, que es llamada Luz Directa. Pero la segunda Luz, que es llamada Luz Retornante, puede aparecer en la última [Cuarta] Fase porque el *Tsimtsum* no se aplica en lo absoluto [a la segunda Luz].

(13-3) Así, se ha explicado que el Sistema de la *Sitra Ajra* (Otro Lado) y las *klipot* (cáscaras) es necesario para el propósito del *Tsimtsum* (Restricción) a fin de instilar en el hombre las Vasijas de la magnitud del [Deseo de] Recibir durante el tiempo de su *katnut* (pequeñez) mientras que está siendo todavía nutrido por ellas. Pero la *Sitra Ajra* también necesita sustento, y ¿de dónde lo va a tomar, dado que toda su construcción es solamente desde la última fase, que es el Espacio Vacío que está falto de

פרק 13:
תבנית הבריאה (ב)

אור ישר ואור חוזר

‏(13-1) ובזה תבין הצורך לשבירת הכלים ותכונתם כמ"ש כמו שכתוב בזהר וכהאר"י וכתבי האר"י, דנודע, דב' מיני אור נמצאים בכל ע"ס עשר ספירות ברצוא ושוב. אור הא', הוא אור אין סוף ב"ה ברוך הוא, הרצוא מלמעלה למטה, ונקרא אור ישר. ואור הב', הוא תולדות כלי המלכות, השוב מלמטה למעלה, ונק' אור חוזר. אשר שניהם מתחברים לאחד ממש.

‏(13-2) ותדע, דהא דאמרינן שכך אמרו [המקובלים], אשר מהצמצום ולמטה, כבר נשללת נקודת הצמצום מכל אור, ונשארה חלל פנוי, ואור העליון לא יופיע עוד לבחי' בחינה אחרונה, בטרם גמר התיקון שזה נאמר ביחוד, על אור א"ס אין סוף ב"ה ברוך הוא, שנקרא אור ישר, אבל אור הב', הנקרא אור חוזר, הוא יכול להופיע לבחי' לבחינה אחרונה, היות, שעליו לא הי' היה מקרה הצמצום כלל.

‏(13-3) ונתבאר אשר מערכת הס"א הסטרא אחרא (הצד האחר) והקלי' והקליפה, הוא צורך מחויייב, למטרתה של הצמצום, והוא, כדי להטביע בהאדם כלי גדלות הקבלה, בעת קטנותו, בהיותו סמוך על שולחנה, וא"כ ואם כן הרי הס"א הסטרא אחרא ג"כ גם כן, לשפע היא צריכה, ומאין תקח זה, בהיות כל בנינה רק מבחי'

Capítulo Dos:
Capítulo 13: El patrón de la Creación (B)

Luz alguna? Esto es porque del *Tsimtsum* (Restricción) hacia abajo, la Luz Celestial está completamente separada de allí.

Realidades puras e impuras

(13-4) Y por lo tanto, el Rompimiento de las Vasijas fue preparado. El Rompimiento significa la parte separada de la Luz Retornante en las Diez Sefirot del Mundo de *Nekudim* (puntos), que descendió de [el Mundo de] *Atsilut* (Emanación) hacia afuera, [abajo] en el Espacio Vacío. Usted ya sabe que la Luz Retornante puede aparecer también en el Espacio Vacío. Y así esta parte de la Luz Retornante, que descendió de [el Mundo de] *Atsilut* hacia afuera, contiene dentro de sí misma, de todas y cada una de las *sefirot* de las Diez Sefirot de [el Mundo de] *Nekudim*, *lev* (32) aspectos especiales, como está explicado en su lugar; y 10 veces *lev* (32) es *shaj* (320).

(13-5) Y estos *shaj* (320) aspectos que descendieron fueron preparados para la existencia de las [realidades físicas] Inferiores, que aparecen como dos sistemas. Esto es de acuerdo con el secreto [significado interior] del versículo: "El Creador ha hecho tanto a uno como al otro" (Eclesiastés 7:14). En otras palabras, hay los Mundos de *Atsilut* (Emanación), *Briá* (Creación), *Yetsirá* (Formación) y *Asiyá* (Acción) de la Santidad, y opuestos a ellos están los Mundos de *Atsilut*, *Briá*, *Yetsirá* y *Asiyá* de la *Sitra Ajra* (Otro Lado).

(13-6) Y esto es lo que nuestros sabios dijeron (Tratado Meguilá, 6a) en la interpretación del pasaje: "una nación será más fuerte que la otra" (Génesis 25:23). Cuando una cierta [nación] se levanta, la otra cae, [esto es, la ciudad de] Tsor solamente se construye con la destrucción de Jerusalén; vea allí. Esto es porque estos *shaj* (320) aspectos pueden aparecer todos en la *Sitra Ajra* (Otro Lado), y luego, el Cielo no lo Permita, la construcción del Sistema de la Santidad es destruido completamente con respecto a

La Luz de la Sabiduría
Sobre la sabiduría, la vida y la eternida

מבחינה אחרונה, שהוא חלל פנוי מכל אור, אשר מהצמצום ולמטה, כבר אור העליון נפרד משם לגמרי.

עולמות קדושה ועולמות טומאה

(13-4) ולפיכך הוכן ענין שביה"כ שבירת הכלים, שענין שבירה יורה, ענין הפרש חלק מאור חוזר, שבעשר ספירות דעולם הנקודים, שירד מאצילות ולחוץ, עד לחלל הפנוי, וכבר ידעת, שאור חוזר, אפשר לו להופיע גם לחלל הפנוי. והנה בזה החלק או"ח אור חוזר, שירד מאצילות ולחוץ, יש בו מכל ספירה וספירה, דע"ס דעשר ספירות דנקודים, ל"ב בחי' בחינות מיוחדות, כמו"ש כמו שכתוב במקומו, ועשרה פעמים ל"ב, הוא ש"ך.

(13-5) וש"ך בחי' בחינות אלו שירדו, הוכנו, לקיום המציאות, של התחתונים, שהמה באים להם בב' מערכות, בסו"ה בסוד הכתוב זה לעומת זה עשה אלהי"ם (קהלת ז', י"ד), דהיינו עולמות אבי"ע אצילות, בריאה, יצירה, עשיה דקדושה, ולעומתם עולמות אבי"ע אצילות, בריאה, יצירה, עשיה דס"א של הסטרא אחרא, (הצד האחר).

(13-6) והיינו שאמרו [חכמינו] ז"ל [במסכת] מגילה [דף] ו' ע"א עמוד א', בביאור הכתוב, ולאום מלאום יאמץ (בראשית כ"ה, כ"ג), כי כשקם זה נופל זה, ולא נבנית צור אלא מחורבנה של ירושלם (רש"י בראשית כ"ה, כ"ג). ש"ך הבחי' בחינות האלו, אפשר להם, שיופיעו כולם לס"א לסטרא אחרא, (הצד האחר), ואז נחרב ח"ו חס ושלום בנין מערכת הקדושה, כלפי התחתונים לגמרי. ואפשר להם, שיתחברו כולם לקדושה, ואז נמצא נחרבת מערכת הס"א הסטרא אחרא לגמרי מהארץ. ואפשר להם, שיתחלקו

Capítulo Dos:
Capítulo 13: El patrón de la Creación (B)

las [realidades físicas] Inferiores. Pero es posible que todos estos [320 aspectos] se conecten a [el Sistema de] la Santidad, y entonces el Sistema de la *Sitra Ajra* es destruido y es completamente eliminado de la Tierra. Es también posible que [estos 320 aspectos] sean divididos entre los dos [Sistemas], a un mayor o menor grado, de acuerdo con los actos de los seres humanos. Y de ese modo [estos 320 aspectos] rotan entre los dos Sistemas hasta que [el proceso de] la Corrección es completada.

El Rompimiento de las Vasijas

(13-7) Después del Rompimiento de las Vasijas y el descenso de las previamente mencionadas *shaj* (320) chispas de Luz de [el Mundo de] *Atsilut* (Emanación) hacia afuera, las *rapaj* (288) de las chispas fueron refinadas y ascendieron. Esto se refiere a lo que [originalmente] descendió de las primeras nueve *sefirot* de las Diez Sefirot de [el Mundo de] *Nekudim* (puntos), y nueve veces *lev* (32) son *rapaj* (288) chispas. Y estas [288 chispas] retornaron y se unieron a la construcción del Sistema de la Santidad.

(13-8) Así que lo que quedó para la *Sitra Ajra* (el Otro lado) fueron solamente *lev* (32) chispas, refiriéndose a aquellas que [originalmente] descendían de Maljut (Reino) del Mundo de los *Nekudim*. [Estas 32 chispas] se volvieron el principio de la construcción de la *Sitra Ajra*, aunque en pequeña medida, ya que no estaba lista para su papel. El término de la construcción ocurrió más tarde debido al pecado de Adán con respecto al Árbol del Conocimiento [del Bien y el Mal], como está explicado en [el libro] *Árbol de la Vida*.

(13-9) Por este medio ha sido aclarado cómo los dos Sistemas de "uno como un opuesto del otro" supervisan la existencia y la alimentación de la realidad. La cantidad de Luz que es necesaria para esta existencia es *shaj* (320) chispas, que fueron preparadas y medidas por el poder del

בין שתיהם, בפחות ויתר, לפי מעשי בני אדם. וכך הם מתגלגלים בב' המערכות, עד גומרו של התיקון.

שבירת הכלים

(13-7) והנה לאחר שביה"כ שבירת הכלים, וירידתם של ש"ך (320) בחי' בחינות ניצוצי אורה הנ"ל, מאצילות ולחוץ, נתבררו ועלו מהם רפ"ח (288) ניצוצין. דהיינו כל מה ששרד מתשעה ספירות הראשונות, שבע"ס שבעשר ספירות דנקודים, וט' פעמים ל"ב (32) הוא רפ"ח (288) בחי' בחינות. והמה שבו ונתחברו, לבנין מערכת הקדושה.

(13-8) ונמצא נשאר לס"א לסטרא אחרא, (הצד האחר), רק ל"ב (32) בחי' בחינות, ממה ששרד מהמלכות דעולם הנקודים. והי' היה זה, לתחילת בנין הס"א הסטרא אחרא, במיעוט בתכלית, שעדיין איננה ראויה לתפקידה, ומילוא בנינה נגמר להם אח"כ אחר כך, בסיבת חטאו של אדם הראשון בעץ הדעת, כמ"ש כמו שכתוב בע"ה בעץ החיים.

(13-9) והנה נתבאר שב' מערכות זה לעומת זה, נוהגת בקיום ופרנסת המציאות. ותקציב אור הצריך לזה הקיום הוא ש"ך (320) ניצוצין. והמה הוכנו ונמדדו, בכח שביה"כ שבירת הכלים. ותקציב הזה ראוי להתגלגל, בין ב' המערכות אשר בזה תלוי סדרי הקיום והכלכלה של המציאות. ותדע שמערכת הקדושה מחוייבת להכיל,

Capítulo Dos:
Capítulo 13: El patrón de la Creación (B)

Rompimiento de las Vasijas. Esta cantidad específica está destinada a desplazarse entre los dos Sistemas [de la Santidad y del Otro Lado] porque el orden de existencia y el sostenimiento de la realidad dependen de esta. Y usted debe saber que el Sistema de la Santidad debe contener al menos la cantidad específica de *rapaj* (288) chispas para completar sus primeras nueve *sefirot*, como se mencionó antes (13-7), y luego es capaz de sostener y alimentar la existencia de las [las realidades físicas] Inferiores. Este fue el caso antes del pecado de Adán, y por lo tanto, el total de la realidad fue supervisado de acuerdo al Sistema de la Santidad en ese tiempo porque tenía la cantidad completa de todas las *rapaj* (288) chispas, como se explicó (ibid.).

La Luz de la Sabiduría
Sobre la sabiduría, la vida y la eternida

לכל הפחות תקציב של רפ"ח (288) ניצוצין להשלמת ט' ספירות ראשונות שלה, כנ"ל (13-7), ואז יכולה לקיים ולכלכל מציאות התחתונים. וזה היה לה קודם חטאו של אה"ר אדם הראשון, וע"כ ועל כן היה כל המציאות מתנהגת אז, ע"י על ידי מערכת הקדושה, להיות שהיה לה המילוא של רפ"ח (288) ניצוצין כאמור (שם).

Capítulo 14:
Los argumentos de los ángeles

Mundo al revés

(14-1) Así que ahora hemos encontrado la apertura del Midrash al pasaje anterior (11-1) con respecto a los cuatro grupos [de ángeles] — Misericordia, Justicia, Verdad y Paz— quienes estaban debatiendo con el Creador acerca de la creación de la especie humana. Porque estos ángeles son los que sirven al alma de la especie humana (estudie, en [el libro] *Árbol de la Vida*, los ensayos acerca de los Mundos: Emanación, Creación, Formación y Acción), por lo tanto [el Creador] consultaba con ellos porque cada acto de creación era llevado a cabo de acuerdo con su consentimiento, como nuestros sabios han dicho (ibid.). Y es sabido que todas y cada una de las almas incluye la esencia de las Diez Sefirot con su Luz Interior y Luz Circundante. La Misericordia es la esencia de la Luz Interior de las nueve primeras sefirot del alma, y Justicia es la escencia de la Luz Interior de [la *sefirá* de] Maljut (Reino) del alma. La Verdad es la esencia de la Luz Circundante del alma.

(14-2) Ya hemos mencionado que la Luz Interior y la Luz Circundante son opuestas. Esto es porque la Luz Interior es atraída por la ley de la iluminación de la Línea, la cual estaba impedida de aparecer en el punto del *Tsimtsum* (Restricción), [siendo este punto] la Forma de la magnitud del [Deseo de] Recibir, en tanto que la Luz Circundante es atraída de la Luz Infinita, que rodea a todos los Mundos. Y dado que en el Infinito pequeño y grande son iguales, por consiguiente la Luz Circundante brilla y concede bondad al punto de *Tsimtsum* también y aún más al aspecto de Maljut (Reino).

La Luz de la Sabiduría
Sobre la sabiduría, la vida y la eternida

פרק 14:
הויכוח של המלאכים

עולם הפוך

(14-1) ועתה מצאנו הפתח, להמדרש הנ"ל (11-1) בעניין ד' הכתות, חסד וצדקה אמת ושלום, שנשאו ונתנו עם השי"ת השם יתברך, בבריאת אדם. כי המלאכים הללו, המה משמשי הנשמה של האדם, (ועי' עיין בע"ח בעץ חיים ש' דרושי אבי"ע (אצילות, בריאה, יצירה, עשיה) ולכן נשא ונתן עמהם, להיות כל מעשה בראשית לדעתם נבראו, כאמרם ז"ל (שם). ונודע, שכל נשמה ונשמה כוללת עניין, ע"ס עשר ספירות, באו"פ באור פנימי ואו"מ ואור מקיף, והנה החסד, הוא עניין או"פ אור פנימי של ט"ר ט' [ספירות] ראשונות של הנשמה. והצדקה, ה"ע הוא עניין או"פ אור פנימי של המלכות של הנשמה.

(14-2) וכבר דברנו שאו"פ שאור פנימי ואו"מ ואור מקיף הפכים המה. להיות האו"פ האור פנימי נמשך בחוק הארת הקו, שנמנע מלהופיע לנקודת הצמצום, שהיא צורת הגדלות של הקבלה. ואו"מ ואור מקיף נמשך מאור א"ס אין סוף ב"ה ברוך הוא, המקיף לכל העולמות, ששם בא"ס באין סוף שוה קטן וגדול וע"כ ועל כן או"מ אור מקיף מאיר ומטיב לנקודת הצמצום ג"כ גם כן, ומכ"ש ומכל שכן לבחי' לבחינת המלכות.

(14-3) Pero dado que ellas [la Luz Interior y la Luz Circundante] son opuestas, necesitan por lo tanto dos Vasijas. Esto es porque la Luz Interior ilumina a las primeras nueve [*sefirot*]; no obstante, ilumina a Maljut (Reino) solamente bajo la directriz de las primeras nueve [*sefirot*] y para nada en su propio aspecto. La Luz Circundante, sin embargo, ilumina específicamente a las Vasijas que se extienden desde el punto de *Tsimtsum* (Restricción), que es llamado Vasija Externa.

Sello de la Verdad

(14-4) Esto hará que usted entienda por qué la Verdad fue llamada un sello. Es porque este nombre es prestado del sello que aparece al término de una carta al final de los asuntos discutidos. Y verdaderamente, [el sello] los valida y les da credibilidad, porque sin el sello las palabras no tendrían valor y toda la carta sería inservible. Y así es [también] con la Luz Circundante que concede bondad al punto de *Tsimtsum* (Restricción), que es la idea de la magnitud de [el Deseo de] Recibir, hasta [que el aspecto de recibir] hace su Forma similar a la de su Hacedor —esto es: el aspecto de compartir, como fue explicado anteriormente (6-11)— siendo este el propósito de todos los Mundos limitados: los Superiores y los Inferiores.

(14-5) Así que la protesta de [el Ángel de] la Verdad con respecto a la creación del hombre —el reclamo [de la Verdad] que los seres humanos serían todos mentiras— era debido a que del aspecto de la acción del Creador, [el hombre] no tenía Vasija externa, la cual necesitaba para atraer del punto de *Tsimtsum* (Restricción), ya que [el punto] ya se había separado de la Luz [del Creador], como se dijo antes (13-3). Por lo tanto, los Ángeles de la Verdad no podían ayudar al hombre en la obtención de la Luz Circundante. Y así, todos los Mundos limitados, Superiores e Inferiores —que habían sido creados únicamente para esta terminación, y el hombre es necesario para ser el único objetivo de esta [terminación],

La Luz de la Sabiduría
Sobre la sabiduría, la vida y la eternida

(14-3) וכיון שהמה הפכים, א"כ אם כן לב' כלים צריכים, כי או"פ אור פנימי מאיר בט"ר בט' [ספירות] ראשונות, וכן אפי' אפילו למלכות אינו מאיר אלא בחוק ט"ר ט' [ספירות] ראשונות, ולא כלל לבחינתה עצמה. אמנם או"מ אור מקיף, מאיר בכלים הנמשכים מנקודת הצמצום ביחוד, שנק' שנקרא כלי חיצון.

חותם אמת

(14-4) ובזה תבין, למה נקרא האמת חותם, כי שם זה, מושאל, מחותם הבא בשולי המכתב בסוף העניינים, אמנם הוא מעמידם ומקיימם, כי זולת החותם, אין בהם שום ערך, וכל הכתב הוי לבטלה. וכן ענין או"מ אור מקיף המטיב לנקודת הצמצום, שה"ע הוא עניין גדלות הקבלה, עד שמשוה צורתה ליוצרה בבחי' בבחינת השפעה כנ"ל (6-11), שהיא מטרת כל העולמות עליונים ותחתונים המוגבלים.

(14-5) והיינו המחאה של האמת, בבריאת האדם, כי טען שכולו שקרים, להיות שמצד יצירתו של הקב"ה הקדוש ברוך הוא, אין להאדם כלי חיצון, שהוא צריך להמשך מנקודת הצמצום, בשכבר נפרדה מאורו ית' כאמור לעיל (13-3). וא"כ ואם כן, אי אפשר למלאכי אמת, להועיל להאדם בהשגת אור מקיף, וא"כ ואם כן כל העולמות העליונים והתחתונים המוגבלים, שלא נבראו אלא להשלמה הזו,

pero él no era adecuado para su propósito— son por lo tanto todos caos y mentira, y todo el trabajo en ellos no es útil.

(14-6) No obstante, los Ángeles de la Misericordia y la Justicia, que pertenecen particularmente a la Luz Interior del alma, podrían entonces concederles [a los humanos] todas las luces del alma en gran medida, hasta la máxima perfección, porque [los humanos] no tienen nada del aspecto del Espacio Vacío. Por lo tanto, [los Ángeles] estaban felices de beneficiarlos y de todo corazón aceptaron la creación del hombre. Los Ángeles de Paz reclamaban que los humanos serían todo riñas; en otras palabras, ¿cómo iban ellos a recibir la Luz Circundante [cuando] después de todo, sería imposible que [la humanidad] fuera unida como una materia con la Luz Interior, siendo que ambos son opuestos uno del otro, como fue explicado? Y es por esto que [la especie humana] es puro conflicto.

La Luz de la Sabiduría
Sobre la sabiduría, la vida y la eternida

ואשר זה האדם צריך להיות הנושא היחיד אליה, וכיון שהאדם הזה אינו מוכשר למטרתו. א"כ אם כן כולם המה תוהו ושקר, וכל הטרחא בהם ללא הועיל.

(6-14) אמנם מלאכי חסד וצדקה, שהמה שייכים ביחוד, לאו"פ לאור פנימי של הנשמה, אדרבא משום זה שאין לו כלל מבחי' בחינת חלל הפנוי, היו יכולים להשפיע לו כל אורות הנשמה בהרווחה יתירה, על השלימות היותר נעלה, ולפיכך היו שמחים להועילו, והסכימו בכל מאדם על בריאת האדם. ומלאכי השלום, טענו דכולו קטטה, כלומר, איך שיהיה ענין קבלתו את האו"מ האור מקיף, אמנם סוף סוף אי אפשר שיבואו בנושא אחד עם האו"פ האור הפנימי, להיותם הפוכים זל"ז זה לזה, כאמור, והיינו כולו קטטה.

Capítulo 15: El Árbol del Conocimiento del Bien y el Mal

La carencia y la necesidad crean vergüenza

(15-1) Por lo que hemos dicho [aquí], hemos merecido un entendimiento de la continuación de los versículos [en Génesis] en relación con el pecado del Árbol del Conocimiento del Bien y el Mal. [Estos versículos] tienen una profundidad insondable, y nuestros sabios han develado [solamente] una capa [lit. un palmo] de su significado mientras [que por otra parte] cubren diez. Encontramos en el principio del texto que está escrito: "Y el hombre (Adán) y su esposa estaban ambos desnudos y no estaban avergonzados" (Génesis 2:25). Usted debe saber [aquí] que la ropa se refiere aquí a la Vasija Externa, como fue dicho en *Ets Jayim* (*Árbol de la Vida*) en los capítulos sobre [los Mundos de] *Atsilut* (Emanación), *Briá* (Creación), *Yetsirá* (Formación) y *Asiyá* (Acción); estudie allí.

(15-2) Y por lo tanto, la Escritura nos dice por adelantado para enseñarnos la razón para el pecado del Árbol del Conocimiento, como nuestros sabios dijeron con relación al versículo: "Él es terrible en Sus actos con los descendientes de Adán" (Salmos 66:5) donde [el ser humano] fue inducido, significando que el pecado estaba preparado para él por adelantado. Esto es lo que el texto quiere decir, que Adán y su esposa eran del lado de [el Mundo de] *Yetsirá* (Formación), sin Vasija Exterior, solamente con Vasijas Interiores, las cuales están extendidas del Sistema de la Santidad, como fue discutido antes (15-1). Y por lo tanto, no estaban avergonzados, es decir: no sentían su vacío porque la vergüenza es, de hecho, un sentimiento de carencia y necesidad.

La Luz de la Sabiduría
Sobre la sabiduría, la vida y la eternida

פרק 15:
עץ הדעת טוב ורע

החסרון גורם בושה

(15-1) ובהאמור, זכינו להבין המשך הפסוקים, בחטאו של עץ הדעת טוב ורע, אשר עומק רום להם, וחז"ל שגילו בהם טפח, עוד כסו בדבריהם עשרה טפחים. והנה בהקדם העניין כתיב, ויהיו האדם ואשתו שניהם ערומים ולא יתבוששו (בראשית ב', כ"ה). ודע, שעניין לבוש, ה"ע הוא עניין כלי חיצון, כמ"ש כמו שכתוב בע"ח ב[ספר] עץ חיים [של האר"י] שער דרושי אבי"ע אצילות, בריאה, יצירה, עשיה, ע"ש עיין שם.

(15-2) וע"כ ועל כן מקדים לנו הכתוב, להורות סיבת חטאו של עצה"ד עץ הדעת, ע"ד על דרך שאמרו ז"ל, בהפסוק נורא עלילה לבני אדם (תהילים ס"ו, ה'), אשר בעלילה באת עלי' עליו. כלומר, שהי' היה מוכן לו חטאו מכל מראש. וזה שיעור הכתוב, שהיו האדם ואשתו מצד היצירה, בלי כלי חיצון, רק בבחינת כלים פנימיים, הנמשכים ממערכת הקדושה כנ"ל (15-1), וע"כ ועל כן ולא יתבוששו, כלומר, שלא הרגישו בחסרונם, כי הבושה ה"ע היא עניין הרגשת חסרון.

107

Capítulo Dos:
Capítulo 15: El Árbol del Conocimiento del Bien y el Mal

(15-3) Es sabido que el sentimiento de carencia es la primera razón para satisfacer esa carencia. Es como una persona que se siente enferma [y] está entonces lista para recibir el medicamento, en tanto que quien no se siente enfermo evita ciertamente cualquier tipo de medicina. En efecto, este papel está asignado a la Vasija Exterior, la cual, siendo parte de la construcción del cuerpo, está vacía de Luz porque ella [la Vasija vacía] vino del Espacio Vacío, [y] despierta por lo tanto [en una persona] el sentimiento de vacío y de carencia, de modo que está avergonzada por esto.

(15-4) Por esta razón, debe regresar y satisfacer esa carencia y atraer la Luz Circundante que le falta para que esta pueda llenar esta Vasija. Y este es el significado del texto: "Y el hombre (Adán) y su mujer estaban desnudos" (Génesis 2:25); es decir: no estaban avergonzados porque no sentían su carencia. Por lo tanto, ellos estaban privados de [cumplir] el destino para el cual habían sido creados.

El pecado de Adán

(15-5) Verdaderamente, necesitamos entender profundamente la gran *komá* (estatura) de este ser humano, quien era el producto del Creador, y [la gran *komá*] de su esposa, a quien el Creador concedió una inteligencia adicional (*biná*), como dijeron los sabios (en Tratado *Nidá*, 45) al explicar el significado del pasaje: "y el Creador construyó (heb. *vayivén* = construyó y también entendió) de la costilla..." (Génesis 2:22). Así que, ¿cómo [Adán y Eva] fallaron y se volvieron como tontos, sin saber tomar precauciones contra la astucia de la Serpiente?

(15-6) Por otra parte, ¿cómo pudo la Serpiente, la cual dice la Biblia que era más astuta que cualquier otra de las criaturas salvajes, proferir tales insensateces y estupideces, [diciéndoles] que si ellos comían el fruto del Árbol del Conocimiento se volverían [como el] Creador [lit. *Elohim*]? ¿Cómo ese disparate anidó en sus corazones? Más aún: está dicho más

(15-3) ונודע, שהרגשת החסרון, הוא סיבה ראשונה למלאות החסרון בדומה, להמרגיש בחליו, מוכן הוא לקבל רפואה, אבל האינו מרגיש כי חולה הוא, נמצא נמנע בודאי מכל רפואה. אכן תפקיד הזה מוטל הוא על כלי חיצונה, שבהיותה בבנין הגוף, והיא ריקנית מאור, מסבת שבאה מחלל הפנוי נמצאת מולידה בו, הרגש הריקנות והחסרון, ומתבייש מזה.

(15-4) וע"כ ועל כן מוכרח, שיחזור למלאות החסרון, ולהמשיך האו"מ האור מקיף החסר לו, שהוא עומד למלאות את כלי הזו. וזהו הוראת הכתוב, ויהי' ויהיו האדם ואשתו שניהם ערומים (בראשית ב', כ"ה), מכלי חיצון, ולפיכך ולא יתבוששו, שלא הרגישו חסרונם, ונמצאים משוללים מהמטרה שעליה נבראו.

חטא אדם וחוה

(15-5) אמנם צריך להבין מאד, רוממות זה האדם יציר כפיו של הקב"ה הקדוש ברוך הוא, ואשתו שהקב"ה שהקדוש ברוך הוא חלק לה עוד בינה יתירה הימנו, כאמרם ז"ל (מסכת) נדה עמוד מ"ה) בהבנת הכתוב ויבן ה' את הצלע (בראשית ב', כ"ב), ואיככה נכשלו ונעשו ככסילים, לא ידעו להזהר מערמת הנחש.

(15-6) גם לאידך גיסא, זה הנחש, שהמקרא מעיד עליו, שהיה ערום מכל חית השדה, איך הוציא משפתיו כסילות וריקות כזו, שבאם יאכלו לפרי העצה"ד העץ הדעת, אז יתהוה מהם אלהי"ם. ואיך כסילות זה מצא קן בלבבם. ועוד, כי

Capítulo Dos:
Capítulo 15: El Árbol del Conocimientodel Bien y el Mal

adelante que no fue por el deseo de volverse [el] Creador que comieron del Árbol del Conocimiento, sino simplemente porque "el árbol era bueno para comer, etc." (Génesis 3:6) que es, a primera vista, un deseo animal.

La Luz de la Sabiduría
Sobre la sabiduría, la vida y la eternida

להלן נאמר, שלא מפני התאוה להעשות אלהי"ם אכלה מעצה"ד מעץ הדעת, אלא בפשיטות, כי טוב העץ למאכל וכו' (בראשית ג', ו'), שהוא לכאורה, תאוה בהמית.

Capítulo Dos:
Capítulo 16: La capacidad de discernir

Capítulo 16:
La capacidad de discernir

Bueno y malo; verdadero y falso

(16-1) Debemos conocer la naturaleza de los dos tipos de discernimiento que se aplican a nosotros. El primer tipo de discernimiento es llamado discernimiento entre bueno y malo, en tanto que el segundo tipo de discernimiento es llamado discernimiento entre verdad y falsedad. Es decir: el Creador instiló la fuerza de discernir en todo ser viviente, en quien activa todo el beneficio deseado, conduciéndolo a la perfección deseada. El primer [tipo de] discernimiento es una fuerza que actúa físicamente y su sistema de operar es a través de la detección de lo amargo y lo dulce. [Esa fuerza] desprecia y rechaza lo que es amargo porque se siente mal, mientras que [esa fuerza] se deleita y atrae la dulzura porque esta se siente bien.

(16-2) Esta [primera] fuerza actuante es suficiente en las especies Inanimada, Vegetal y Animal, porque las conduce a la compleción de su perfección deseada. Añadida a ellas está la especie Hablante [esto es: la humanidad] en quien el Creador instiló una fuerza mental actuante cuya forma de acción es [parte de] el segundo proceso de discernimiento, en que rechaza la falsedad y el vacío con disgusto rayando en el vómito; en vez de eso, atrae la veracidad y cada beneficio con gran amor.

(16-3) Este [segundo tipo de] discernimiento es llamado discernimiento entre la verdad y la falsedad, y se aplica solamente a la humanidad [y] en cada persona de acuerdo a su nivel. Y usted debe saber que esta segunda fuerza actuante fue creada y otorgada a la humanidad debido a la Serpiente, porque desde el aspecto de la Creación, la especie humana había tenido solamente la primera fuerza actuante, la que selecciona

LA LUZ DE LA SABIDURÍA
Sobre la sabiduría, la vida y la eternida

פרק 16:
היכולת להבחין

טוב ורע, אמת ושקר

(16-1) וצריכים לדעת, טיב של ב' מיני הבירורים הנוהגים אצלנו. בירור הא', נק' נקרא בירורי טוב ורע, בירור הב', נק' נקרא בירורי אמת ושקר. פי' פירוש, שהשי"ת שהשם יתברך הטביע כח המברר בכל בריה, שפועל בה כל התועלת הנרצה, ומעמידה על שלימותה הנרצה, והנה בירור הא' הוא כח הפועל גופני, שאופני פעולתו, ע"י על ידי הרגש מר ומתוק, שהוא ממאס ודוחה צורת המר, כי רע לו, ונאהב לו, ומקרב צורת המתוק, כי טוב לו.

(16-2) והנה כח הפועל הזה, די ומספיק, בדומם, צומח, וחי, שבהמציאות, שמעמידם על גמר שלימותם הנרצה. ונוסף עליהם מין האדם, שהטביע בו השי"ת השם יתברך כח פועל שכלי, שאופני פעולתו בבירור הב' הנ"ל, שדוחה ענייני שקר וריקות, במיאוס עד להקאה, ומקרב ענינים אמיתיים, וכל תועלת, באהבה גדולה.

(16-3) ובירור הזה, נק' נקרא בירור אמת ושקר ואינו נוהג זולת במין האדם כאו"א כל אחד ואחד לפי שיעורו. ותדע, שכח הפועל הזה הב', נברא והגיע להאדם, בסבת

Capítulo 16: La capacidad de discernir

entre el bien y el mal, lo que habría sido suficiente para sus necesidades y beneficio en ese tiempo.

Amargo y dulce

(16-4) Le explicaré [esto] a usted por medio de un ejemplo. Si el justo hubiese sido recompensado de acuerdo con sus buenas acciones y los perversos castigados de acuerdo con sus malas acciones en este Mundo, entonces [el Sistema de] la Santidad habría sido definido para nosotros como una realidad de lo dulce y lo bueno, y [el Sistema de] la *Sitra Ajra* (el Otro Lado) habría sido definido para nosotros como la realidad de lo amargo y lo malo. Y de esta manera, el Precepto del libre albedrío [elección] habría llegado a nosotros por medio de un mandato: "He aquí que Yo he puesto ante ti lo dulce y lo amargo, y debes escoger lo dulce" (según Deuteronomio 30:19). De esta manera, toda la gente habría estado segura de alcanzar la perfección porque ciertamente habrían huido del pecado dado que este habría sido dañino para ellos. Y ellos habrían estado ocupados con los Preceptos del Creador día y noche sin descanso, y no se habrían ocupado del cuerpo y sus impurezas, como los necios lo están en el tiempo presente, porque [seguir los Preceptos del Creador] habría sido bueno y dulce para ellos.

(16-5) Este fue el caso de Adán, el Primer Hombre, porque cuando el Creador lo formó, lo puso en el Jardín de Edén "para cultivarlo y preservarlo (protegerlo)" (Génesis 2:15). [Los sabios] explicaron (Zóhar Bereshit, 260) que la palabra "cultivarlo" se refiere a los Preceptos "haz", y [la palabra] "preservarlo (protegerlo)" se refiere a los Preceptos "no hagas". Los Preceptos "haz" [de Adán] eran comer y disfrutar de todos los árboles del jardín; sus Preceptos de "no hagas" eran no comer del Árbol del Conocimiento del Bien y el Mal. Así, los Preceptos de "haz" eran dulces y placenteros, mientras que los Preceptos de "no hagas" eran refrenarse de comer el fruto que era amargo e inclemente como la muerte.

La Luz de la Sabiduría
Sobre la sabiduría, la vida y la eternida

עטיו של הנחש, כי מצד היצירה, לא היה לו זולת כח הפועל הא', מבירורי טו"ר טוב ורע, שהיה די ומספיק לו לתועלתו בעת ההיא.

מר ומתוק

(16-4) ואסביר לך עד"מ על דרך משל, אם היו הצדיקים נגמלים כמפעלם הטוב, והרשעים נענשים על מעשיהם, כדי רשעתם, בעוה"ז בעולם הזה, היה אז הקדושה מוגדרת לנו, במציאות של המתוק והטוב. והס"א והסטרא אחרא, (הצד האחר) היתה מוגדרת לנו, במציאות של הרע והמר. ובאופן זה, היה מצוות הבחירה מגיענו, ע"ד על דרך ראה נתתי לפניך את המתוק ואת המר, ובחרת בהמתוק. ובאופן זה, היו כל בני אדם בטוחים בהשגת השלימות, שבטח היו בורחים מן העבירה, להיותה רע להם, והיו טרודים במצוותיו ית' יום ולילה לא יחשו, כמו הטפשים של עתה בעניני הגוף וזוהמתו, להיותה טוב ומתוק להם.

(16-5) והנה כן היה ענין אדה"ר אדם הראשון, מפאת יצירתו ית' יתברך אותו. והניחוהו בג"ע בגן עדן, לעבדה ולשמרה (בראשית ב', ט"ו), שפירשו חכמינו ז"ל (זוהר הסולם, בראשית, סעיף ר"ס): לעבדה אלו מצות עשה, ולשמרה אלו מצות לא תעשה, ומצות עשה שלו, היה לאכול ולהתענג מכל עצי הגן, ומצוות ל"ת לא תעשה שלו, היה שלא לאכול מעצה"ד מעץ הדעת טו"ר טוב ורע. אשר המצוות עשה, היתה מתוקה ונחמדה, והמצות לא תעשה, היה הפרישה מן הפרי המר והקשה כמות.

115

Capítulo Dos:
Capítulo 16: La capacidad de discernir

(16-6) Uno no debe preguntarse cómo podría ser [la tarea de Adán] llamada Precepto y "cultivo" porque igualmente hemos encontrado, aun en la tarea [espiritual] que hacemos en el presente, que por deleitarnos en el Shabat (sábado) y las festividades, alcanzamos la Santidad Sublime. Además, por abstenernos de comer insectos y reptiles y todo lo demás que es despreciable para el *Néfesh* (Alma Inferior) del ser humano, recibimos recompensas. Y encontramos que [esta] elección [esto es: libre albedrío] en la tarea de Adán, el Primer Hombre, estaba verdaderamente de acuerdo con "escogerás lo dulce", como se mencionó antes (16-4). Y resulta que el paladar corpóreo era todo lo que era necesario y [que] esto era suficiente para que él [Adán] lograra todo lo que era bueno para sí mismo, esto es: saber lo que el Creador le había ordenado [hacer] y lo que Él le había ordenado no hacer.

La Luz de la Sabiduría
Sobre la sabiduría, la vida y la eternida

(16-6) ואין לתמוה איך אפשר להקרא כאלה, בשם מצוות ועבודה, כי מצינו כזה, גם בעבודתינו של עתה, אשר ע"י על ידי התענוג בשבתות ויו"ט ויום טוב, אנו זוכים לקדושה העליונה, וכן על ידי הפרישה משקצים ורמשים, וכל אשר נפשו של אדם קצה בו, אנו מקבלים שכר. והנך מוצא, שענין הבחירה, בעבודתו של אדה"ר אדם הראשון, הי' היה ע"י ע"ד על דרך ובחרת במתוק כנ"ל כנזכר לעיל (16-4), ונמצא שחיך הגופני לבד היה די ומספיק לו לכל תועלתו, לדעת אשר צוה ה', ואשר לא צוהו.

Capítulo Dos:
Capítulo 17: Las mentiras tienen alas cortas

Capítulo 17:
Las mentiras tienen alas cortas

La astucia de la Serpiente

(17-1) Ahora podemos entender la astucia de la Serpiente, en la cual, nuestros sabios nos han informado, Samakel (el Ángel de la Negatividad) fue encarnado, y esto es así porque sus palabras fueron extremadamente arrogantes. Y empezó diciendo: "¿Conque el Creador les dijo: 'No comerán de todos los árboles del Jardín'?" (Génesis 3:1). Esto significa que [la Serpiente] entabló una conversación [con Eva] porque, como es sabido, la mujer [en sí] no recibió órdenes directamente del Creador, y es por esto que [la Serpiente] le preguntó acerca de las "maneras de discernir". En otras palabras, ¿cómo ella sabía que el Árbol del Conocimiento del Bien y el Mal estaba prohibido? ¿Quizá todo el fruto del Jardín les estaba también prohibido? "Y la mujer dijo [a la Serpiente]: 'Podemos comer del fruto de los árboles del Jardín, etc., pero del Árbol del Conocimiento del Bien y el Mal no deben comer, ni deben tocarlo, no sea que mueran'" (Génesis 3:2-3).

(17-2) Hay dos asuntos específicos aquí: 1) Tocar [el Árbol del Conocimiento], lo cual nunca fue prohibido [por el Creador]. ¿Por qué entonces ella añadió esta prohibición? 2) Ella dudaba de la palabra del Creador, el Cielo no lo permita; el Creador había [originalmente] dicho: "Ciertamente morirás", pero la mujer dijo: "no sea que mueran". ¿Podría ser que ella no creía en las palabras del Creador, el Cielo no lo permita, aún antes del pecado? Seguramente la mujer respondió de acuerdo con la pregunta de la Serpiente. Ella estaba enterada de lo que Creador había prohibido, dado que los otros árboles del Jardín eran dulces y agradables y [su fruto] apto para ser comido. Pero [esto] no [era] así [con] el Árbol [del Bien y el Mal] que estaba dentro del Jardín, el cual ella ya estaba a punto

פרק 17:
לשקר אין רגלים

ערמת הנחש

(17-1) ועתה, נבין ערמת הנחש, אשר חז"ל הוסיפו להודיענו, אשר הס"מ סטרא מסאבותא (צד הזוהמה) היה מתלבש בו, והיינו מפני שגבהו דבריו מאד. והנה פתח, באף כי אמר אלהי"ם לא תאכלו מכל עץ הגן (בראשית ג', א'), פי' פירוש שנכנס עמה בדברים, להיות שהאשה לא נצטוה מפי הקב"ה הקדוש ברוך הוא, כנודע, וע"כ ועל כן שאל אותה על דרכי הבירור, כלומר מאין תדע, שנאסר העצה"ד העץ הדעת אולי נאסרו לכם גם כל פירות הגן. ותאמר האשה מפרי עץ הגן נאכל וכו', [ועץ הדעת טוב ורע] לא תאכלו ממנו ולא תגעו בו פן תמותון (בראשית ג', ב'-ג').

(17-2) ויש כאן ב' דיוקים גדולים, א' הא הנגיעה, לא נאסרה מעולם, ועל מה הוסיפה באיסור, ב', כי הטילה ספק בדברי השי"ת ח"ו חס ושלום, שהשי"ת שהשם יתברך אמר מות תמותון, והאשה אמרה פן תמותון, והיתכן שלא האמינה ח"ו חס ושלום בדבר ה', עוד מטרם החטא. אמנם האשה ענתה לו על פי שאלתו של הנחש, דעל כן יודעה, מה שאסר ה' כי כל עצי הגן מתוקים ונחמדים, וראוים

119

de tocar, y probó con eso [esto es: solo por estar cerca] un sabor que era tan acre como la muerte.

(17-3) Así experimentó ella, a través de su propio discernimiento, que había una posibilidad de muerte aun con solo tocar, [y] por lo tanto ella entendía más profundamente el Precepto de la prohibición por encima de lo que había oído de su esposo porque nadie es más sabio que uno con experiencia. Y "no sea que mueran" se refiere al toque. Además, parece que su respuesta [a la Serpiente] era completamente razonable porque ¿quién puede entrometerse y negar el sentido del gusto de un amigo? Pero la Serpiente lo negó y dijo: "Ustedes no morirán, porque el Creador sabe que en el día en que ustedes coman de este, sus ojos se abrirán etc." (Génesis 3:4-5).

Abrir los ojos

(17-4) Tenemos que ser precisos aquí. ¿Qué tiene que ver aquí el tema de la Apertura de los Ojos? En efecto, algo nuevo y más elevado que [la conciencia de ella] le informó [la Serpiente]. [La Serpiente] les demostró que era absurdo pensar que el Creador había creado algo malo y dañino en Su mundo. Ciertamente, [la Serpiente le dijo a ella], del lado del Creador, esto no puede ser un asunto malo y dañino. Más bien, esta amargura que pruebas [en la fruta], aun cuando te acerques tanto que podrías tocarla, está solamente de tu lado. Esto es porque el propósito de comer [el fruto] es para que te des cuenta de cuán grande es tu *komá* (estatura). Por lo tanto, necesitas santidad adicional de manera que tu sola intención sea dar placer al Creador, cumpliendo por lo tanto el propósito para el que fuiste creada. Y por lo tanto, te parece que es malo y dañino [pero] solamente para que [puedas] entender la santidad adicional que se requiere de ti.

La Luz de la Sabiduría
Sobre la sabiduría, la vida y la eternida

לאכול, משא"כ מה שאין כן זה העץ אשר בתוך הגן, כבר היתה בו בקרוב לנגיעה, וטעמה בזה טעם קשה כמות.

(17-3) והיא שהוכיחה מעצמה, שמצד הבירור שלה, יש חשש מיתה אפי' אפילו על הנגיעה ולכן הוסיפה להבין במצוות האיסור, על מה ששמעה מבעלה, כי אין חכם כבעל נסיון, ופן תמותון סובב על הנגיעה. וכנראה, שהתשובה היה מספקת לגמרי, כי מי יתערב ויכחיש בחוש הטעם של חבירו. אמנם הנחש הכחיש אותה, ואמר, לא מות תמותון, כי יודע אלהי"ם כי ביום אכלכם ממנו ונפקחו עיניכם וכו' (בראשית ג', ה').

פקיחת עיניים

(17-4) ויש לדייק, מה ענין פקיחת עינים לכאן, אמנם כן דבר חדש ונשגב הימנה, הודיע אותה, שהוכיח להם, שטפשות היא לחשוב, שברא ה' דבר רע ומזיק בעולמו, והוא ודאי כלפי השי"ת השם יתברך, אין זה ענין רע ומזיק, אלא זה המרירות שתטעמו בו אפי' אפילו בקירוב נגיעה, הוא רק מצדכם, להיות אכילה זו, הוא להעמיד אתכם, על גובה מעלתכם, וע"כ ועל כן לקדושה יתירה אתם צריכים, בעת המעשה שיהיה כל כונתכם להשפיע נ"ר נחת רוח לו ית' יתברך, לקיים הכוונה שעליה נבראתם. ולפיכך הוא נדמה לכם כרע ומזיק, כדי שתבינו הקדושה היתירה הנדרש מכם.

121

(17-5) Verdaderamente, "en el día en que ustedes coman de él, etc." (Génesis 3:5) significa que si tu acción es realizada en [conciencia de] santidad y en pureza y [es] clara como la luz del día, entonces "serás como el Creador, conociendo el bien y el mal". Esto significa que así como [el Árbol del Conocimiento] es ciertamente dulce para el Creador en [su] absoluta afinidad [con Él], así también lo bueno y lo malo serían para ti, en absoluta afinidad, dulce y deliciosa. [Ahora] hay todavía espacio [en este punto] para contemplar la confiabilidad de las palabras de la Serpiente, ya que el Creador no informó [a Adán y Eva] de todo esto Él Mismo. Es por esto que la Serpiente prosiguió y dijo: "Porque el Creador sabe que en el día en que coman ustedes de él, sus ojos se abrirán" (ibid).

(17-6) [Y la Serpiente continuó con:] "Esto significa que del lado del Creador, era superfluo informarles esto a ustedes. Él sabía que si ustedes ponían atención a esto, es decir: comer del aspecto de la conciencia santa, sus ojos se abrirían por sí mismos al entendimiento de la grandeza de Su exaltación porque ustedes sentirían en Él una dulzura y delicadeza milagrosas. Por esta razón, Él no necesitó informarles, y es por esta razón que Él instiló en ustedes el poder de discernir, para que conocieran por ustedes mismos lo que los beneficia".

La intención correcta

(17-7) [La Escritura] dice inmediatamente después que "la mujer vio que el árbol era bueno para comer y que era una delicia a los ojos, etc." (Génesis 3:6). Esto significa que ella no confió en las palabras [de la Serpiente] sino que fue e investigó por sí misma, usando su propia inteligencia y entendimiento. Ella se dedicó con gran santidad a dar placer al Creador para cumplir el propósito que se esperaba de ella, y de ninguna manera para su propio placer. Entonces sus ojos fueron abiertos, como la Serpiente había dicho. Y "la mujer vio que el árbol era bueno para comer" (ibid.) lo cual significa que a través de ver que era "una delicia para los ojos" —es

(17-5) אמנם ביום אכלכם ממנו, פי' פירוש, אם תהיה המעשה בקדושה וטהרה, ברורה כיום, אז והייתם כאלהי"ם יודעי טוב ורע (בראשית ג', ה'), כלומר, כמו שכלפי השי"ת השם יתברך הוא ודאי מתוק בהשואה גמורה, כן יהיה לכם הטוב והרע בהשואה גמורה, למתוק ולעדן. ועדיין נשאר מקום להרהר באימון הנחש, מפני שהשי"ת שהשם יתברך לא הודיעו זה בעצמו, ע"כ על כן הקדים הנחש, ואמר, כי יודע אלהי"ם כי ביום אכלכם ממנו, ונפקחו עיניכם (שם).

(17-6) כלומר, מצד השי"ת השם יתברך דבר יתר הוא, להודיעכם זאת, להיותו יודע שאם תשימו לבכם לזה, לאכל על צד הקדושה, ונפקחו עיניכם מעצמיכם, להבין גודל הרוממות שבו, כי תרגישו בו מתיקות ועידון עד להפליא, וא"כ ואם כן אינו צריך להודיעכם, דעל כן הטביע בכם כח המברר. לידע תועלתכם מעצמכם.

כוונה נכונה

(17-7) ומיד כתיב, ותרא האשה כי טוב העץ למאכל וכי תאוה הוא לעינים וכו' (בראשית ג', ו'), פי' פירוש שלא סמכה עצמה על דבריו, אלא שהלכה וביררה מדעתה ותבונתה, והקדישה את עצמה בקדושה יתירה, לעשות נ"ר נחת רוח להשי"ת להשם יתברך, כדי להשלים הכוונה הנרצה הימנה, ולא כלל להנאתה עצמה. שאז, נפקחו עיניה, כדברי הנחש, ותרא האשה כי טוב העץ למאכל (שם), והיינו ע"י על ידי זה

decir: aún antes de que siquiera lo tocara— ella sintió una dulzura y un gran deseo; solamente por mirar con los ojos, ella vio que tal placer no se le había concedido hasta ahora con respecto a todos los otros árboles en el Jardín.

(17-8) Ella aprendió además que "el árbol era deseable para hacer a uno sabio" (Génesis 3:6). En otras palabras, había en este árbol un placer egoísta y delicia de lejos, más que en cualquier otro árbol en el Jardín. Es decir: que ella había aprendido de esto que fue precisamente para este acto de comer que [Adán y ella] habían sido creados. Y este era todo el propósito, como la Serpiente le reveló. Así que, después de esta completa investigación y discernimiento, "ella tomó de su fruto y comió y también dio algo a su marido, que estaba con ella y él comió" (ibid.). Y la Escritura es cuidadosa para decir: "con ella", indicando su intención pura, es decir: solamente para compartir y no para ella misma. Esto es lo que el versículo quiere decir cuando dice que ella lo dio "a su marido que estaba con ella", esto es: con ella [juntos] en santidad.

שראתה, כי תאוה הוא לעינים, כלומר, דעוד מטרם שנגעה בו, הרגישה מתיקות ותאוה גדולה, בראות עיניה לבד שחמדה כזה עוד לא קרה לה, בכל עצי הגן.

(17-8) ונתברר לה עוד, אשר נחמד העץ להשכיל (בראשית ג', ו'), כלומר, דע"כ שעל כן יש בעץ הזה תאוה וחמדה מרחוק, יתר מכל עצי הגן, היינו להשכיל עליו, אשר בשביל מעשה האכילה הזו, נבראו, והוא כל המטרה, כמו שגילה לה הנחש. ואז, אחר הבירורין המוחלטים האלו, ותקח מפריו ותאכל, ותתן גם לאישה עמה ויאכל (שם), ודייק הכתוב במלת עמה, על כונתה הטהורה, דהיינו רק להשפיע, ולא לצרכי עצמו וזה הוראת הכתוב, שנתנה לאישה עמה, כלומר, עמה בקדושה.

Capítulo 18:
Inmortalidad

Una mentira buena comienza con la verdad

(18-1) Ahora llegaremos al meollo del asunto y el error que estaba asociado a su pierna. Este Árbol del Conocimiento del Bien y el Mal ya estaba mezclado junto con el aspecto del Espacio Vacío, es decir: de la Forma de la magnitud de [el Deseo de] Recibir. Es [en esta Forma] que el *Tsimtsum* (Restricción) ocurrió, y la Luz Celestial ya se había ido de allí, como fue discutido antes (13-3). Y ya se ha explicado (ibid.) que Adán, el Primer Hombre, no tenía en su estructura la Forma de magnitud del [Deseo de] Recibir que se extendía desde el Espacio Vacío, sino que más bien se extendía en su totalidad del Sistema de la Santidad, cuyo propósito es otorgar. Esto está de acuerdo con lo que está dicho en el Zóhar en la porción de Kedoshim (párrafo 62), respecto a Adán, el Primer Hombre: "Adán no tenía cosa alguna de este mundo" (ver allí), y por lo tanto, el Árbol del Conocimiento estaba prohibido para él, tal como la raíz [de Adán] y la totalidad del Sistema de la Santidad están separados de la *Sitra Ajra* (el Otro Lado) debido a su Diferencia de Forma, que es la esencia de la separación, como se habló antes (6-8). Por lo tanto, él [Adán] también recibió órdenes al respecto [del Árbol del Conocimiento] y [él] fue advertido de no conectarse a este porque, si lo hacía, sería separado de su raíz sagrada y moriría, tal como la *Sitra Ajra* y las *klipot* (cáscaras), que están muertas debido a su oposición y separación de [el Sistema de] la Santidad y la fuente de la vida, como se mencionó antes.

(18-2) En verdad, Satán, quien es Samakel o el Ángel de la Muerte, se disfrazó de la Serpiente y bajó para seducir a Eva con sus mentiras: "No morirás" (Génesis 3:4). Pero dado que se sabe que una mentira que no está precedida por una palabra de verdad no llega a existir, [la Serpiente]

La Luz de la Sabiduría
Sobre la sabiduría, la vida y la eternida

פרק 18:
חיי נצח

הרוצה לשקר יתחיל באמת

(18-1) ועתה נבוא לעומק הענין, והטעות, שהיה קשור ברגלו, כי זה העצה"ד העץ הדעת טו"ר טוב ורע, היה מעורב מבחי' מבחינת חלל הפנוי, כלומר, מצורת הגדלות שבקבלה. שעליה היה הצמצום, ואור העליון כבר נפרד משם, כנ"ל (13-3). וכבר נתבאר (שם), שאדם הראשון, לא היה לו כלל בבנינו, צורת גדלות הקבלה, הנמשך מחלל הפנוי, אלא כולו נמשך ממערכת הקדושה, שענינים להשפיע. כמו"ש כמו שכתוב בזוהר [פרשת] קדושים (סעיף ס"ב), דאדה"ר דאדם הראשון לא הוה לי' מהאי עלמא כלום לא היה לו מהעולם הזה כלום, ע"ש עין שם. וע"כ ועל כן נאסר לו העצה"ד העץ הדעת, כמו ששורשו, וכל מערכת הקדושה, שהמה נפרדים מהס"א מהסטרא אחרא, (הצד האחר), משום שינוי הצורה שלהם, שהיא ענין הפירוד כנ"ל כנזכר לעיל (8-6), וע"כ ועל כן גם הוא נצטוה עליו, והוזהר מלהתחבר בו, כי יופרד מחמתו משורשו, הקדוש, וימות, כמו הס"א הסטרא אחרא והקלי' והקליפה שהמה מתים, לסבת הפכיותם ופירודם מהקדושה, וחי החיים, כנ"ל.

(18-2) אמנם, השטן הוא הס"מ הסיטרא מסאבותא (צד הזוהמה) הוא המה"מ המלאך המות, שנתלבש בהנחש, וירד והסיתה לחוה, בדבר שקר שבפיו, לא מות תמותון (בראשית ג', ד'). ונודע, שכל דבר שקר שאין אומרים דבר אמת בתחילתו אינו מתקיים, וע"כ ועל כן הקדים אותה בדבר אמת, וגילה לה מטרת הבריאה, שכל

precedió la mentira con una palabra de verdad y le reveló a ella el propósito de la Creación; que todo el propósito era corregir a este Árbol [del Conocimiento], es decir: transformar las grandes Vasijas de Recibir al aspecto de Compartir. Este es el significado de las palabras de los sabios que dijeron que él [la Serpiente] le dijo a ella: "El Creador comió de este Árbol y creó el mundo" (Midrash Rabá, Génesis 19:4) significando que Él, [el Creador] miraba este asunto desde el aspecto de "la culminación de una acción empieza con un pensamiento" y es por esto que Él creó el mundo.

(18-3) Como se dejó claro arriba (6-8), el primer *Tsimtsum* (Restricción) fue solamente por amor a la especie humana, la que finalmente hará la Forma de Recibir similar a la de Compartir, (ver anteriormente en 6-11) y esto es verdad. Por lo tanto, esto fue una oportunidad [para la Serpiente] y la mujer le creyó. Y mientras ella se preparó para recibir y disfrutar solamente por el Deseo de Compartir, sucedió que el Mal se fue del Árbol del Conocimiento del Bien y el Mal, y este permaneció el Árbol del Conocimiento del Bien. [Esto ocurrió] porque toda la idea de mal [en el Árbol] estaba allí solamente del aspecto de la Diferencia de Forma, esto es: del Recibir para Sí Mismo [Solamente] que había sido grabado en este. Pero por medio del Recibir para Compartir, [la mujer] llevó [al Árbol del Conocimiento] al propósito final de su perfección, y así ella realizó el gran *yijud* (unificación), de la clase que es merecedora de estar en la culminación de una acción.

La raíz de las adicciones

(18-4) Sin embargo, esta [acción] de la Santidad Celestial aún estaba antes de su tiempo porque ella [la mujer] no era merecedora de soportarla, con excepción de la primera mordida, pero no de la segunda mordida. (Este es el significado secreto del pasaje en el Zóhar que dice que todas las palabras [de la Serpiente] son mentiras). Déjeme explicarle que no hay comparación entre alguien que renuncia a un deseo antes de haberlo

עניינה לא באה, אלא לתקן העץ הזה, כלומר, כדי להפך כלי קבלה הגדולים על צד ההשפעה, וז"ש וזה שאמרו חז"ל שאמר לה, אשר אלהי"ם אכל מעץ הזה וברא את העולם (מדרש רבה, בראשית, י"ט, ד'), כלומר, שהסתכל על עניין זה בבחי' בחינת סוף מעשה במחשבה תחילה וע"כ ועל כן ברא העולם.

(3-18) וכמו שנתבאר לעיל (8-6), דכל עניין הצמצום א', לא היה אלא בשביל האדם, העתיד להשוות הצורה של קבלה, להשפעה, עי' עיין לעיל (11-6), והוא דבר אמת. וע"כ ועל כן היה השעה משחקת לו, והאשה האמינה אותו, בשעה שהכינה את עצמה לקבל ולהנות רק בע"מ בעל מנת להשפיע, נמצא ממילא, שפרח הרע מן העצה"ד העץ הדעת טו"ר טוב ורע ונשאר עצה"ד עץ הדעת טוב. להיות שכל עניין הרע דשם, הוא רק מבחי' בחינת שינוי צורה, דקבלה לעצמו, שהיה מוטבע בו להטביע, אמנם בקבלה ע"מ על מנת להשפיע, הרי הביאתו על תכלית שלימותו, ונמצאת שעשתה יחוד הגדול, כמו שראוי להיות בסוף מעשה.

שורש ההתמכרויות

(4-18) אמנם זה הקדושה העליונה, היה עדיין שלא בעונתו, שלא היתה ראויה לעמוד בה, זולת באכילה א', אבל לא באכילה הב' (שז"ס שזה סוד [מה שכתב] הזוה"ק הזהר הקדוש דכלא מלילא בשיקרא שכל דבריו [של הנחש] הם שקר). ואסביר לך, כי אינו דומה, המנזר עצמו מהתאוה, בטרם שטעמה והורגל בה, להמנזר עצמו מהתאוה, אחר שטעמה ונקשר בה, כי הראשון ודאי יכול להזיר את עצמו, בפעם

probado y se haya acostumbrado a este y alguien que renuncia a un deseo después de haberlo probado y haberse adherido a este. Ciertamente, la primera persona puede [fácilmente] renunciar [a su deseo] de una vez y por todas, pero este no será el caso para la segunda persona, quien debe trabajar extremadamente duro para renunciar a su deseo poco a poco hasta que este objetivo es alcanzado.

(18-5) Tal fue el caso aquí: debido a que la mujer todavía no había probado del Árbol del Conocimiento y debido a que ella estaba [también] en el estado compartir, fue fácil que ella diera la primera mordida con la intención de dar placer al Creador en pureza absoluta [lit. santidad]. Pero este no es el caso después de que ella lo probó, porque entonces ya se había adherido a este con gran deseo y anhelo excesivo por el Árbol del Conocimiento, al punto que ella no era capaz de renunciar a ese deseo porque ya no estaba bajo su control. Y esto es lo que nuestros sabios [quisieron decir cuando] dijeron que "ellos han comido prematuramente", es decir: antes de que estuviera maduro, esto es: antes de que ellos obtuvieran la fuerza y el poder para controlar sus propios deseos; entienda esto bien.

(18-6) Esto es tal como nuestros sabios dijeron en Tratado *Yevamot* (39b) en nombre de Aba Shaúl, quien dijo: "Aquel que se casa con la viuda de su hermano por la belleza de ella o por deseo sexual es como si cometiera incesto". Y [nuestros sabios] dijeron: "La primera unión sexual es un decreto, pero ¿se aplica esto también a la segunda vez?". Estudie bien eso.

(18-7) Y esto es lo que se quiso decir con el pasaje: "He comido y comeré más" (Midrash Bereshit Rabá 19:12) que significa que aún en el mismo momento en que [Adán] oyó muy claramente que el Creador estaba enojado con él, de todos modos no podía desistir de esto porque un deseo egoísta ya se había apoderado de él. Así resulta que la primera mordida fue del aspecto de la Santidad, pero la segunda mordida fue con gran impureza.

La Luz de la Sabiduría
Sobre la sabiduría, la vida y la eternida

א' על תמיד, משא"כ מה שאין כן השני, צריך לעבודה יתירה, לפרוש מתאותו לאט לאט, עד שגומר העניין.

(18-5) כן הדבר הזה, להיות שהאשה עדיין לא טעמה מעצה"ד מעץ הדעת, והיתה כולה בבחי' השפעה, ע"כ על כן, בקל היה מעשיה לאכול אכילה ראשונה, ע"מ על מנת להשפיע נ"ר נחת רוח להשי"ת להשם יתברך בתכלית הקדושה, משא"כ מה שאין כן אחר שטעמה אותו, כבר נקשר בה תאוה גדולה וחמדה יתירה לעצה"ד לעץ הדעת, עד שלא היתה יכולה עוד לפרוש מתאותה, כי כבר יצא העניין מרשותה. והיינו שאמרו חז"ל שאכלו פגה, פי' פירוש, טרם בישולו, דהיינו בטרם שקנו הכח והגבורה למשול על יצרם, והבן היטב.

(18-6) ודומה למה שאמרו ז"ל במס' במסכת יבמות [דף ל"ט עמוד ב'] אליבא בשם דאבא שאול, שאמר, הנושא יבמתו לשם נוי ולשם אישות הוי כפוגע בערוה, ואמרו גזירה ביאה ראשונה אטו ביאה שניה, עש"ה עיין שם היטב.

(18-7) וז"ש וזה שאמרו [חכמינו] ז"ל (בראשית רבא י"ט, י"ב), אכלתי, ואוכל עוד, כלומר, שאפי' שאפילו בו בעת, שכבר שמע בפירוש, שחרה בו השי"ת השם יתברך, מ"מ מכל מקום לא יכול לפרוש הימנו, שכבר נקשר בו התאוה. ונמצא, שאכילה א', היה ע"צ על צד הקדושה, ואכילה ב', היה בזוהמא גדולה.

La Inmortalidad, gota a gota

(18-8) Esto vuelve comprensible la severidad del castigo relacionado con el Árbol del Conocimiento: toda la humanidad (lit. los hijos de Adán) debido a esto [había de] morir. En verdad, esta muerte es consecuencia de [lit. se extendió de] comer de este, ya que el Creador había advertido a Adán: "En el día en que comas de este, ciertamente morirás" (Génesis 2:17). Y la razón es que la Forma de Recibir Total que se originó del Espacio Vacío, el cual apareció del *Tsimtsum* (Restricción) en adelante, se extendió a través de los miembros [de Adán]. Y [como resultado,] la Luz Celestial no podía ser una con esta [forma]. Por lo tanto, este aliento Eterno de la vida, que está descrito en el pasaje: "Y el Creador insufló en sus orificios nasales el aliento de vida, etc." (Génesis 2:7), debía irse de allí, y así la subsistencia temporal de él se volvió dependiente de una hogaza de pan.

(18-9) Y esta vida no era vida eterna, como fue planeada previamente para sus [del hombre] necesidades, sino que es relativamente similar al "sudor de la vida". Es decir, que la vida estaría dividida para él en pequeñas gotas, de manera tal que todas y cada una de las gotas sería una parte de su vida previa. [Estas gotas] son las chispas de las almas que serían divididas entre todos los descendientes [de Adán], a tal punto que todos sus descendientes —contando a todos los residentes de [todos] los asentamientos humanos y todas las generaciones hasta la última generación— que cumplirán el propósito de la Creación son todos una larga cadena. Esto significa que los actos del Creador no cambiaron para nada debido al pecado del Árbol del Conocimiento.

La reencarnación

(18-10) Pero esta Luz de la Vida que Adán, el Primer Hombre, contenía en su totalidad, se extendió [después del pecado] y se prolongó en una cadena que se mantiene reencarnando de acuerdo con la rueda del

חיי נצח טיפין טיפין

(18-8) ובזה מובן חומר ענשו של עצה"ד עץ הדעת, שנתקבצו עליו כל בני אדם למיתה, אמנם זה המיתה, נמשך מתוך אכילתו, כמו שהזהיר אותו השי"ת השם יתברך, ביום אכלך ממנו מות תמות (בראשית ב', י"ז). והענין להיות שנמשך לתוך איבריו, צורת גדלות הקבלה מחלל הפנוי, אשר מצמצום ולהלן, כבר אור העליון א"א אי אפשר לו להיות עמה, בכפיפה אחת, וע"כ ועל כן זה הנשמת חיים הנצחית, המפורש בהכתוב, ויפח ה' באפו נשמת חיים (בראשית ז') מוכרח להסתלק משם, ונתלה לו חייתו הזמנית בפת לחם.

(18-9) וחיים האלו, אינם חיים נצחיים כלמפרע, שהיה לצורכו עצמו, אלא דומה בערך, לזיעה של חיים, כלומר שנתחלק לו החיים לטפין טפין, באופן שכל טפה וטפה, הוא חלק מהחיים שלו הקודמים, שה"ע שהוא ענין ניצוצי נשמות שנתחלקו לכל תולדותיו עד שבכל תולדותיו, מכל בני הישוב ומכל הדורות, עד דור האחרון, המשלים מטרת הבריאה, המה, בערך שלשלת גדולה אחת, באופן שמעשי השי"ת השם יתברך לא נשתנו כלל וכלל, מחמת חטאו של עצה"ד עץ הדעת.

גלגול נשמות

(18-10) אלא זה האור החיים, שהיה באה"ר באדם הראשון בבת אחת, נמשך ונארך, לשלשלת גדולה המתגלגלת, על גלגול שינוי הצורות, עד גמר התיקון, בלי הפסק

Capítulo Dos:
Capítulo 18: Inmortalidad

cambio de formas, hasta llegar al Final de la Corrección, sin ninguna detención, ni siquiera por un momento. Esto es porque los actos del Creador deben estar vivos y existir continuamente, ya que la Santidad es siempre aumentada y nunca disminuida. Entienda bien esto.

(18-11) Y tal como ocurrió en el caso de Adán, así también le ha sucedido a toda la gente en el mundo junto con él: cada uno ha caído del aspecto eterno y colectivo [de la Santidad], de acuerdo con la rueda del cambio de forma, como [lo que le había ocurrido a] Adán. [Esto es] porque Adán [significando el género humano] y el mundo tienen ambos un valor interno y uno externo, donde el [valor] externo siempre sube y baja de acuerdo con el [valor] interno; aquí, sin embargo, no es el lugar para hablar de esto con amplitud. Y esto es lo que se quiso decir con: "con el sudor de tu frente [lit. nariz], comerás pan" (Génesis 3:19): que en lugar del aliento primario de vida que el Creador insufló en las fosas nasales de Adán, ahora él tiene la "gota del sudor de la vida" en sus fosas nasales.

La Luz de la Sabiduría
Sobre la sabiduría, la vida y la eternida

כלל כרגע, להיות מעשה ה' מוכרחין להיות חיים וקיימים, ומעלין בקודש ואין מורידין, והבן זה היטב.

(11-18) וכמקרה האדם, כן קרה לכל בני העולם עמו, כי כלם ירדו מבחי' מבחינה נצחית וכללית, על גלגל שינוי הצורה, כמו האדם, כי האדם ועולם, ערך פנימי וחיצון להם, אשר החיצונית תמיד עולה ויורד בהתאם להפנימי, ואכמ"ל ואין כאן מקומו להאריך. וז"ע וזה ענין בזיעת אפיך תאכל לחם (בראשית ג', י"ט), שבמקום נשמת החיים הקדום, שנפח ה' באפו, נמצא עתה, זיעה של חיים באפו.

Capítulo 19:
El sistema negativo de las klipot (cáscaras)

Dos daños

(19-1) Y esto es lo que nuestros sabios nos han dicho (Tratado Bava Batra, 17): "Esta es la Inclinación al Mal; este es Satán; este es el Ángel de la Muerte, que baja e incita, luego va y acusa, y después viene y se lleva el alma [de la persona]". Y esto es porque dos clases diferentes de daño total fueron causadas por el pecado del Árbol del Conocimiento. El primer daño es que él [Satán] sube y acusa. Después de que [Adán] fue tentado a comer del Árbol del Conocimiento y adquirió así dentro de la estructura de su cuerpo una Vasija para Recibir del Espacio Vacío, el odio y la separación aparecieron entre la Luz y la vida eterna, la cual el Eterno insufló en las fosas nasales de la humanidad y el cuerpo de la humanidad.

(19-2) Y esto es según lo que nuestros sabios dijeron: "[Con respecto a] cualquiera que se vuelve orgulloso, el Creador dice: 'Yo y esa persona no podemos vivir en el mismo lugar'" (Tratado Sotá 5). Esto se debe a que el orgullo brota de la Vasija para Recibir del Espacio Vacío del cual la Luz Celestial ya se había ido y separado para siempre desde el momento del *Tsimtsum* (Restricción) en adelante, tal como el Santo Zóhar dice: que el Creador detesta los cuerpos que está estructurados para sí mismos. Por lo tanto, la Luz de la vida se fue [de Adán]. Y este es el primer daño.

288 chispas de almas

(19-3) Y el segundo daño es la caída de 288 chispas, que ya estaban conectadas al Sistema de la Santidad, como fue discutido antes (al final de la sección 13). Pero ahora, para que el mundo no sea destruido, ellas fueron

פרק 19:
המערכת השלילית של הקליפות

שני קלקולים

(19-1) והיינו שאמרו ז"ל (במסכת) ב"ב בבא בתרא [עמוד] י"ז), הוא היצה"ר היצר הרע הוא השטן הוא מה"מ מלאך המוות, שיורד ומסית, ועולה ומקטרג, ובא ונוטל נשמתו. והוא, כי ב' קלקולים כוללים נעשו בסבת החטא של עצה"ד עץ הדעת, קלקול הא', ה"ע הוא ענין עולה ומקטרג, כי אחר שנתפתה ואכל מעצה"ד מעץ הדעת, וקנה בבנין גופו, כלי קבלה דחלל הפנוי, נעשה מחמת זה, שנאה והרחקה, בין אור החיים הנצחי דנפח ה' באפו של האדם ובין גוף האדם.

(19-2) ודומה למה שאמרו [חכמינו] ז"ל כל המתגאה אומר הקב"ה הקדוש ברוך הוא אין אני והוא יכולין לדור במדור א' (על פי מסכת סוטה ה'), כי ענין הגאוה, נובעת מכלי קבלה דחלל הפנוי, שכבר אור העליון נתרחק ונפרד משם, מעת הצמצום ולהלן, וע"ד"ש ועל דרך שכתוב בזוהר הק' הקדוש, שהקב"ה הקדוש ברוך הוא שונא את הגופות שבנינם אך לעצמם. וע"כ ועל כן פרח ממנו אור החיים והוא קלקול א'.

רפ"ח נצוצות

(19-3) וקלקול ב', הוא ירידת רפ"ח (288) ניצוצין, שכבר היו מחוברים במערכת הקדושה כנ"ל (אות י"ג, בסוף), שעתה, כדי שלא יחרב העולם, נמסרו וירדו, למערכת

Capítulo Dos:
Capítulo 19: El sistema negativo de las klipot (cáscaras)

entregadas y descendieron al Sistema de la *Sitra Ajra* (el Otro Lado) y las *klipot* (cáscaras).

(19-4) [La razón para esto es] porque el Sistema de la Santidad no podía sustentar y nutrir a Adán y al resto de la humanidad, debido al odio que había brotado entre la Santidad y las Vasijas del Espacio Vacío, de acuerdo con la ley de ser opuestos uno al otro, como fue mencionado anteriormente: "Yo y esa persona [orgullosa] no podemos estar en el mismo lugar". Por lo tanto, las 288 chispas fueron entregadas al Sistema de la *Sitra Ajra*, para que este [el Otro Lado] pudiera nutrir y sustentar a Adán y al mundo a través de todo el período de la reencarnación de las almas en cuerpos —600.000 [chispas de almas] en una generación, por 1000 generaciones— hasta que la Corrección sea completada.

(19-5) Aquí entenderá usted por qué las *klipot* (cáscaras) son mencionadas por ese nombre. Es porque su significación [lit. valor] es similar al de la cáscara de un fruto, ya que esta es la cáscara dura que rodea y cubre al fruto para protegerlo de toda clase de suciedad y daño hasta que llega el momento de ser comido. Porque sin [la cáscara], el fruto se arruinaría y no cumpliría su propósito. Así, puede ver que las 288 chispas fueron entregadas a las *klipot* [cáscaras] para nutrir y preparar la realidad, hasta que [las chispas] estén unidas y alcancen su meta deseada, como se mencionó antes (13-9, 19-3).

Estampa y sello

(19-6) El segundo daño mencionado anteriormente es que [la *Sitra Ajra* (el Otro Lado)] llega y se lleva el alma [de la persona]. Lo que quiero decir es que aun esta pequeña parte del alma que permanece en una persona como un aspecto de [una gota de] sudor de las vidas anteriores es robada por la *Sitra Ajra*. Esto se hace por medio de la misma abundancia que esta [la *Sitra Ajra*] le concede de las 288 chispas, las cuales han caído

La Luz de la Sabiduría
Sobre la sabiduría, la vida y la eternida

הס"א הסיטרא אחרא (הצד האחר) והקלי' והקליפה.

(19-4) כי מאחר שאין מערכת הקדושה יכולה, לפרנס ולכלכל את האדם ובני העולם, מסבת השנאה, שנתהוה בין הקדושה והכלים דחלל הפנוי, כחוק ההפכים זה לזה, כנ"ל, שאין אני והוא יכולים לדור במדור א'. ע"כ על כן נמסרה הרפ"ח (288) ניצוצין למערכות הס"א הסיטרא אחרא (הצד האחר), כדי שהמה יכלכלו ויקיימו את האדם והעולם, בכל משך זמן גלגולי הנשמות בהגופים בס' (60) ריבוא לדור, ובאלף דור, עד גמר התיקון.

(19-5) ובזה תבין, למה המה מכונים בשם קליפות, להיות ערכם, כערך הקליפה שעל הפרי, כי קליפה הקשה חופפת ומכסית על הפרי, לשמרה מכל טינוף והיזק, עד שתבוא הפרי, לידי האוכלה, שבלעדה, היה הפרי נשחתה, ולא היתה באה למטרתה. כן אתה מוצא, אשר הרפ"ח (288) ניצוצין נמסרו לידי הקליפות, כדי לכלכל ולהכשיר את המציאות, עד שיתחברו וישיגו למטרתם הנרצה, כנ"ל (19-3; 9-13).

חותם ונחתם

(19-6) והנה קלקול הב' הנזכר, ה"ע הוא ענין ובא ונוטל נשמתו, רצוני לומר, גם זה החלק הקטן של נשמה, הנשאר לו להאדם, בבחי' בבחינת זיעה, של חיים הקודמים, הרי הס"א הסיטרא אחרא (הצד האחר) עושקתה, על ידי ההשפעה בעצמה, שהיא משפעת לו מהרפ"ח (288) הניצוצין, שנפלו לגורלה. ולהבינך את זה, צריך לצייר היטב תמונת הס"א הסיטרא אחרא (הצד האחר) כמות שהיא, בכדי שתוכל להשכיל כל דרכיה, וכבר הראיתי לדעת בפמ"ס בפנים מסבירות בענף ו'

Capítulo Dos:
Capítulo 19: El sistema negativo de las klipot (cáscaras)

a su lote. Para entender esto, usted debe imaginar la naturaleza de la *Sitra Ajra* como es, para que pueda aprender todas sus maneras. Ya he mostrado en *Rostro revelador y explicatorio*, rama 6, que todas las partes de la realidad en el Mundo Inferior son ramas que se extienden de su raíz en el Mundo Superior, como la estampa de un sello: que el Mundo Superior [se extiende] del más elevado [arriba de este], y ese del siguiente más elevado todavía, etc.

(19-7) Usted debe saber, también, que cualquier diferencia entre las Ramas y las Raíces brota solamente de los elementos de la materia en ellos. Es decir: la materia en este Mundo está compuesta de elementos físicos, en tanto que la materia del Mundo de *Yetsirá* (Formación) está compuesta de elementos espirituales; en otras palabras, del aspecto de la espiritualidad de *Yetsirá*. Y continúa así, de un Mundo al siguiente, cada uno desde su propio aspecto [característica única]. Verdaderamente, los casos y los procesos en ellos tienen un valor igual, de cada rama a su raíz, tal como dos gotas de agua que son iguales una a la otra, y así como un sello es similar en todo respecto a la estampa que creó. Y una vez que usted sepa esto, podemos buscar esa rama que la *Sitra Ajra* (el Otro Lado) superior tiene en este Mundo, y por medio de eso, podemos también conocer la raíz superior de la *Sitra Ajra*.

La Luz del placer es la productora de la vida

(19-8) En la porción Tazría (párrafo 143) del *Zóhar*, encontramos que las aflicciones en el cuerpo de la humanidad son ramas de la *Sitra Ajra* (el Otro Lado) superior; estudie bien eso. Y así podemos extrapolar la *komá* (estatura) del ser viviente, donde encontramos que lo que ha brotado dentro de su cuerpo por medio de lograr placer es lo que aumenta y ensancha su vida. Por lo tanto, la Providencia ha instilado en los pequeños [los niños] la capacidad de encontrar satisfacción y placer en cualquier cosa sobre la que fijen los ojos, aun en las cosas pequeñas e insignificantes que

דכל חלקי המציאות מעולם התחתון, המה ענפים נמשכים משורשם, כמו חותם מחותם, מעולם העליון, והעליון מגבוה הימנו, והגבוה, מגבוה על גבוה וכו'.

(7-19) ותדע, שכל הבחן שיש מהענפים על השורשים, הוא רק ביסודות החומר שבהם לבד, כלומר שהחומריים שבעוה"ז שבעולם הזה, המה יסודות גשמיים, והחומריים שבעולם היצירה המה יסודות רוחניים, דהיינו מבחי' מבחינת רוחניית היצירה, וכן כל עולם ועולם מבחינתו, אמנם המקרים וההתלוכות שבהם, יש להם ערך שוה, מכל ענף לשורשו, כמו ב' טפות מים, השוות זו לזו, וכמו הנחתם ששוה צורתו בכל וכל להחותם, שממנו נחתם. ואחר שתדע זה, נבקש את זה הענף, שישנו להס"א הסיטרא אחרא (הצד האחר) העליונה בעוה"ז בעולם הזה, ואז נדע על ידו, גם את שורשו הס"א הסיטרא אחרא (הצד האחר) העליונה.

אור התענוג הוא אבי החיים

(8-19) ומצאנו בזוהר הק' הקדוש פרשת תזריע (הסולם, סעיף קמ"ג), דהנגעים שבגופי בני אדם, המה ענפים של הס"א הסיטרא אחרא (הצד האחר) העליונה עש"ה עיין שם היטב. ולפיכך, נקח להשכיל את קומת הבעל חי, ואנו מוצאים בו, אשר זה הנביע המתהוה בגופו, ע"י על ידי השגת התענוג, הוא המרבה ומפריא לו החיים, וע"כ ועל כן ההשגחה הטביעה בהקטנים, שבכל מקום שיתנו עיניהם, ימצאו קורת רוח ותענוג, ואפי' ואפילו מדברים קטנטנים של מה בכך. להיות קומת הקטן,

no tienen valor, porque la *komá* del pequeño [niño] exige una cantidad enorme [de sustento] de vida para que tenga plenitud para permitir su crecimiento. Y por esta razón, su placer es fácilmente disponible.

(19-9) Y usted encuentra que la luz de placer es el productor de vida. No obstante, esta regla se aplica solamente al placer que es concedido a la totalidad de la *komá* (estatura). Pero cuando llega a placer fragmentado —es decir: placer que es acumulado y sentido solamente en una parte separada de la *komá* del ser viviente— entonces encontramos que lo opuesto se aplica.

Nivel de placer — Nivel de dolor

(19-10) Esto significa que si [una persona] tiene una aflicción en la piel, por ejemplo, algo que necesita frotarse y rascarse, entonces esta acción de rascado trae algo de recompensa con ella porque, con esta, él siente gran placer que persigue con gran pasión. Pero junto con este placer viene una gota de la poción de la muerte, porque si él no controla su deseo y [continúa] costeando esta persistente demanda, encontrará que los pagos en realidad aumentan aún más su deuda.

(19-11) Esto significa que [en igual medida] al nivel de placer que [la persona] obtiene de rascarse, aumenta la aflicción y el placer se vuelve dolor. Luego, cuando empieza a sanar, una nueva exigencia de rascado nace con esto a un grado que es aún mayor que antes. Y si él todavía no controla su deseo y otra vez responde a la exigencia, la aflicción [continúa y] aumenta hasta que, al final, le trae una gota de amargura, la cual envenena toda la sangre en ese ser viviente.

La Luz de la Sabiduría
Sobre la sabiduría, la vida y la eternida

מחוייב לרביה של חיים ביותר, כדי שיהיה סיפוק בו לצמיחה וגידול, וע"כ ועל כן תענוגם מצוי.

(19-9) והנך מוצא אשר אור התענוג הוא אבי החיים. אמנם חוק זה, אינו נוהג זולת בתענוג, שהוא מושפע לכללות הקומה, אבל בתענוג דפרודא, כלומר, בשהתענוג מתקבץ ומקובל, רק לחלק נבדל של קומת הבעל חי, אז אנו מוצאים בו דין הפוך.

כגודל התענוג-גודל הכאב

(19-10) דהיינו אם יש לו מקום לקוי בבשרו, התובע אותו לגרד ולחכך, והנה פעולת החיכוך, מביאה לו ג"כ גם כן שכרו בצדה, שמרגיש עמה תענוג מרובה ברדיפה כבירה, אמנם בתענוג זה, טפת סם המות כרוך בעקבו, שבאם לא ימשול על יצרו, וישלם את התביעה הרדופה, נמצאים התשלומים מגדילים עוד את חובו.

(19-11) כלומר, לפי מדתו של השגת התענוג מהחיכוך, כן יתרבה עליו הלקותא, ויתהפך התענוג למכאוב, ובהתחילה שוב להתרפאות, נולד עמה יחד, תביעה חדשה לחיכוך, ובמדה יותר גדולה מקודם, ואם עדיין אינו מושל ביצרו, ושוב משלם די התביעה, נמצא גם הלקותא הולך ומתרבה עליו, עד שמביאה לו טפה של מרה בסופו, שמרעלת כל הדם, שבאותו החי.

143

Capítulo Dos:
Capítulo 19: El sistema negativo de las klipot (cáscaras)

Fuente fragmentada de placer

(19-12) Y de ese modo termina muriendo por recibir placer porque [este placer] es una fuente fragmentada de placer, la cual llega solamente a una parte aislada de la *komá* (estatura). Es por eso que la muerte opera en esa [única parte de la] *komá*, a diferencia del placer que se le otorga a la *komá* como un todo, como fue dicho antes. De ese modo podemos [ahora] entender la Forma superior de la *Sitra Ajra* (el Otro Lado) de la cabeza a los pies [lit. tobillo]. Su "cabeza" es el Deseo de Recibir para Sí Mismo y no para compartir nada fuera de sí mismo, lo cual es como la exigencia de la piel afligida en comparación con la *komá* (estatura) completa del ser viviente. Y el "cuerpo" de la *Sitra Ajra* es la clase de exigencia que nunca puede pagarse debido a que mientras más continúa pagando una persona, más incrementa la deuda y la aflicción, tal como en el ejemplo de recibir placer a través de rascarse, como explicamos antes (19-1).

(19-13) Y el pie (lit. el tobillo) de la *Sitra Ajra* (el Otro Lado) es la gota de la poción de la muerte, la cual roba [a la persona] y la priva hasta de la última chispa de vida que queda en él, tal como la gota de la poción de la muerte mencionada anteriormente que envenena toda la sangre en la *komá* (estatura) del ser viviente. Y eso es lo que nuestros sabios dijeron: "Y entonces [el Otro Lado] llega finalmente y recoge su alma", como se dijo antes. Y esto es lo que [los sabios] quisieron decir cuando dijeron que el Ángel de la Muerte se acerca con una espada desenvainada y hay una gota amarga en el filo de esa espada, y la persona abre su boca y [el Ángel de la Muerte] arroja esa gota en ella, y [la persona] muere (Tratado Avodá Zará 20b).

(19-14) La espada del Ángel de la Muerte es la influencia de la *Sitra Ajra*, la cual es llamada la "espada" debido a la separación que aumenta con el grado de Recibir, y esta separación lo destruye [en hebreo, "espada" viene de la raíz "destruir"] como se mencionó anteriormente (19-1). Debido a que la persona es forzada a abrir la boca porque no tiene otra opción más

תענוג דפרודא

(19-12) ונמצא, שמת ע"י על ידי קבלת התענוג, מפני שהיא תענוג דפרודא, המקובל רק לחלק נבדל של הקומה, וע"כ ועל כן פועלת המות בהקומה, בהפכי מהתענוג המושפע לכלל הקומה, כאמור. והנה הגיע לפנינו, צורת הס"א הסיטרא אחרא (הצד האחר) העליונה מראשה עד עקבה, אשר ראשה, הוא הרצון לקבל אך לעצמה, ולא להשפיע מחוץ לה, כתכונת התביעה שבבשר המנוגע, בערך כללו של קומת החי; וגופה של הס"א הסיטרא אחרא (הצד האחר), היא צורתה של מין תביעה, שאינה עומדת להפרע, שהפרעון שהוא הולך ופורע, עוד מגדיל החוב והלקותא, ביותר, כדוגמת קבלת תענוג ע"י על ידי החיכוך, כנ"ל (19-1).

(19-13) ועקבה של הס"א הסיטרא אחרא (הצד האחר), היא הטפה של סם המות, שעושקתו ומפרידו, גם מניצוץ חיים האחרון שנשאר לו, כדוגמת טפה של סם המות הנ"ל המרעלת את כל הדם שבקומת הבעל חי. והיינו שאמרו ז"ל ולבסוף בא ונוטל את נשמתו, כנ"ל. והיינו שאמרו (במסכת עבודה זרה, דף כ', עמוד ב'): שהמה"מ שהמלאך המוות מזדמן בחרב שלופה וטפה של מרה בקצה החרב, והאדם פותח פיו וזורק בו הטפה, ומת.

(19-14) אשר חרבו של מה"מ מלאך המוות, הוא השפעת הס"א הסיטרא אחרא (הצד האחר), שנק' שנקרא חרב, לסבת הפירוד המתגדל במדת הקבלה, שהפירוד מחריבו, כנ"ל כנזכר לעיל (19-1). והאדם פותח בהכרח את פיו, להיות שמוכרח לקבל שפע

Capítulo Dos:
Capítulo 19: El sistema negativo de las klipot (cáscaras)

que recibir de esta la abundancia de sustento para su existencia, hasta que reciba la gota de amargura al final de la espada, la cual completa la separación de la última chispa de su aliento de vida, como se mencionó antes (19-11).

La Luz de la Sabiduría
Sobre la sabiduría, la vida y la eternida

הקיום והעמדתו, מתחת ידיה. עד שמגיע אליו טפה של מרה, שבסוף החרב, שהוא גמר הפירוד לניצוץ האחרון של נשמת חייו, כנ"ל כנזכר לעיל (11-19).

Capítulo 20:
Dos opuestos

De un trabajador perfecto sale una obra perfecta

(20-1) A causa de estas dos clases de daño, la estructura del cuerpo del ser humano también estaba dañada, ya que fue adaptada del aspecto de [el Mundo de] *Yetsirá* (Formación) con la máxima precisión para recibir la abundancia para la existencia [de la persona] del Sistema de la Santidad. Todos los elementos de cada acción que son realizados con consentimiento y son perdurables estarán protegidos de toda clase de carencia o superabundancia. Pero una acción que es realizada sin consentimiento y no es perdurable es de esta manera porque sus partes carecen del equilibrio correcto, y en algún lugar en su interior hay algo [que está] faltando o es superabundante.

(20-2) Como está dicho en *Shir HaYijud* (*Canto de la Unificación*): "De todas Tus Obras, no has olvidado cosa alguna; no has dejado pasar ni has exagerado nada". Esto se refiere a la regla obligatoria que de un Trabajador perfecto sale una obra perfecta. No obstante, cuando la humanidad cruza del Sistema de la Santidad al Sistema de la *Sitra Ajra* (el Otro Lado) y a causa de la ligadura que fue añadida a su estructura [espiritual] por medio del [pecado del] Árbol del Conocimiento, como se mencionó antes (19-4), hay muchas partes en su cuerpo que están en superfluidad y no son necesarias. No reciben nada de la abundancia de existencia que se les concede de la autoridad de la *Sitra Ajra*, como vemos en [el caso de] el hueso llamado "*luz*" (la parte superior de la columna vertebral); vea en el Zóhar, en el *Midrash HaNeelam Toledot* (párrafos 50-51) y también el apéndice (Tratado Julin 50) etc. [Esta superfluidad se encuentra también] en partes específicas de todos y cada uno de los órganos, pero este no es el lugar para extenderse [sobre este asunto].

פרק 20:
שני הפכים

מפועל שלם יוצאת פעולה שלימה

(20-1) ובסבת ב' הקלקולים הנ"ל נתקלקל ג"כ גם כן בנין גופו של אדם להיותו מותאם מצד היצירה, בתכלית הדיוק, לקבלת שפע של קיומו, ממערכת הקדושה. כי כל פעולה מאושרה, ושל קיימא, יהיו חלקיה משומרים, מהעדפה או מגרעת עד לכל שהוא, והפעולה שאינו מאושרה, ושאינה של קיימא, הוא בשביל, שחלקיה חסרי המזג, ומצוי בהם בכל שהוא מגרעת או העדפה.

(20-2) וע"ד ועל דרך שאומר בשיר היחוד מכל מלאכתך דבר אחד לא שכחת, לא העדפת ולא החסרת. והוא חוק מחוייב, שמהפועל השלם נמשך פעולה שלימה. אמנם בעבור האדם, ממערכת הקדושה למערכת הס"א הסיטרא אחרא (הצד האחר), בסבת הספחת הנוסף בבנינו, ע"י על ידי העצה"ד העץ הדעת, כנ"ל כנזכר לעיל (19-4), כבר נמצאים חלקים מרובים בבנין גופו בעודפות, בלי צורך, להיותם אינם מקבלים כלום, משפע של קיום המושפע מרשות הס"א הסיטרא אחרא (הצד האחר). כמו שאנו מוצאים בעצם לוז עיין בזוהר במד' במדרש הנעלם [פרשת] תולדות (הסולם סעיפים נ'-נ"א) וכן סניא דיבי תוספתן (מסכת חולין, דף נ') וכו', וכן בחלק ידוע מכל אבר ואבר, ואכמ"ל ואין כאן מקום להאריך.

Capítulo Dos:
Capítulo 20: Dos opuestos

Sobredosis

(20-3) Por lo tanto, una persona debe alimentar a su cuerpo con más nutrimento del que es necesario porque esta superfluidad mencionada anteriormente está conectada a cada demanda que surge del cuerpo y [que] el cuerpo recibe por cuenta de [esta superfluidad]. Pero el exceso mismo no puede recibir su porción, y por lo tanto estas partes [superfluas] permanecen en el cuerpo como material adicional y desperdicio, el cual el cuerpo tiene que excretar. De ese modo los órganos de comer y digerir trabajan para nada en aras [de estas partes superfluas], y así [estos órganos digestivos] se consumen gradualmente hasta que mueren. La razón para esto es que su destino ya ha sido decretado, como lo ha sido cada acción desequilibrada que está condenada finalmente a desbaratarse. Así, usted puede ver que aun desde la perspectiva de la construcción del cuerpo, su muerte ha sido predestinada conforme a la causa y el efecto del Árbol del Conocimiento.

(20-4) A esta altura, hemos tenido el mérito de aprender y conocer acerca de las dos clases de supervisión [de la realidad] que son completamente contradictorias entre sí, lo cual discutimos en la sección 11 (11-5); vea allí. La supervisión de la existencia y el sustento de la gente de la realidad [de este mundo] ya ha pasado del Sistema de la Santidad al Sistema de la *Sitra Ajra* (el Otro Lado). Esto es debido a la adhesión de la magnitud del [Deseo de] Recibir para Sí Mismo, el cual fue conectado a la especie humana como consecuencia del [pecado de] comer del Árbol del Conocimiento. Este [pecado] causó separación, odio y polaridad entre el Sistema de la Santidad y la estructura de los cuerpos de las personas de la realidad de Este Mundo. Esto es porque [el Sistema de] la Santidad no podía sostenerlos y nutrirlos desde una mesa alta.

(20-5) Por lo tanto, para que la realidad [de este mundo] no sea destruida y para preparar una ruta para la Corrección [de la humanidad], [el

מנת יתר

(20-3) ולפיכך מחויב האדם, לקבל כלכלה לתוך גופו, יתר מהצורך, להיות העודפות הנ"ל, מתחברים בכל תביעה, העולה מהגוף, וע"כ ועל כן מקבל הגוף בשבילם, אמנם העודפות בעצמם אינם יכולים לקבל חלקיהם, וע"כ ועל כן נשאר חלקיהם בגוף, בבח' בבחינת מותרות ופסולת, שהגוף מחויב אח"כ אחר כך להפליט לחוץ. ונמצאים כלי המאכל והעיכול, מתייגעים לריק ולבטלה בשבילם, וע"כ ועל כן הולכים ונפסדים, עד לכליון, כי משפטם חרוץ ככל פעולה מחסרי המזג, שסופה להתפרק. והנך מוצא גם מצד בנין הגוף, שנתלה מיתתו, בקודם ונמשך מעצה"ד מעץ הדעת.

(20-4) ועתה זכינו להשכיל ולדעת, בדבר ב' ההנהגות הסותרות זו את זו עד לקצה, שעמדנו עליהם, לעיל באות י"א ע"ש עיין שם (11-5). כי הנהגת קיום וכלכלה של בני המציאות, כבר עברה ממערכת הקדושה למערכת הס"א הסיטרא אחרא (הצד האחר), והוא, מסבת הספחת, של גדלות הרצון לקבל לעצמו, הנקשר בבני המציאות, מסבת אכילת העצה"ד העץ הדעת, שגרם פירוד והפכיות ושנאה, בין מערכת הקדושה, לבנין הגופות של בני מציאות העוה"ז העולם הזה. בשכבר הקדושה, אינה יכולה לקיימם ולזונם, משלחן גבוה.

(20-5) וע"כ ועל כן כדי שלא יחרב המציאות, וכדי להזמין להם מהלך תיקונם, מסרתה לכללות השפע של קיום המציאות, שה"ע שהוא ענין רפ"ח (288) הניצוצין

CAPÍTULO DOS:
CAPÍTULO 20: DOS OPUESTOS

Sistema de la Santidad] pasó toda la abundancia para la existencia de esta realidad al Sistema de la *Sitra Ajra* (el Otro Lado). De esto tratan las 288 chispas [de las almas]. Así, [el Sistema de la *Sitra Ajra*] se ha vuelto el proveedor para toda la gente del mundo durante el período de desarrollo de su *Tikún* (Corrección).

La razón para la realidad confusa

(20-6) Por esta razón, se encuentra que los caminos de la existencia son muy confusos, porque de los perversos brota el mal. Y he aquí que si la abundancia para la gente del mundo es reducida, esto traerá seguramente caos y sufrimiento, y si la abundancia es aumentada, entonces los receptores sentirán que el poder de la separación ha aumentado. Esto está de acuerdo con lo que nuestros sabios dijeron: "Si [las personas] tienen una porción de un ciento, desean doscientos, y si tienen doscientos, desean cuatrocientos". (Midrash Rabá, Kohélet, A:3).

(20-7) Esto es similar a la fuente de placer fragmentada, que es alcanzada para la piel separada y afligida, como se mencionó antes (19-9 a 12), porque mientras más grande el placer, mayor es lo que hay de separación y aflicción. Y resulta que el amor propio [esto es: el Deseo de Recibir para Sí Mismo] aumenta grandemente en los receptores, y [por lo tanto] una persona se traga viva a la otra. Y la vida del cuerpo también disminuye, porque a través del aumento de la cantidad de recepción, uno rápidamente llega a la gota amarga [de la muerte] al final. Así, a donde uno se vuelve, encuentra condenación, como se discutió antes (20-3).

Similitud de Forma y Diferencia en la Forma

(20-8) Por medio de esto, usted entenderá lo que fue dicho en las *Tosafot* (comentarios adicionales) al Tratado *Quetuvot*, página 104: Que en vez de orar para que la Torá entre en su cuerpo, [las personas] deben orar para

שלה, למערכת הס"א הסיטרא אחרא (הצד האחר), שהמה יהיו המפרנסים לכל בני העולם בזמן המשך התיקונים.

סיבת הבלבול והמבוכה

(20-6) וע"כ ועל כן סדרי הקיום נמצאים מבולבלים מאד, כי מרשעים יצא רשע, וממ"נ וממה נפשך, אם ממעיטים השפע לבני העולם, מביאים ודאי חורבן ויסורים, ואם מרבים בשפע נמצאים מביאים כח הפירוד ביותר להמקבלים, ע"ד על דרך שאמרו [חכמינו] ז"ל, יש לו מנה רוצה מאתים, ויש לו מאתים רוצה ארבע מאות (מדרש רבה, קהלת א', ע"ג).

(20-7) כדמיון התענוג דפרודא, המושג לבשר הנפרד והלקוי הנ"ל (19-9 עד 12), שכמות התענוג, מרבה הפירוד והלקותא, ונמצא האהבה עצמיית, מתגבר ביותר בהמקבלים, ואיש את חבירו חיים בלעו, וגם חיי הגוף מתקצרים, כי ע"י על ידי ריבוי כמות הקבלה, מגיע במוקדם לטפה של מרה שבאחריתה, ובכל מקום שהם פונים, אך מרשיעים, כנ"ל כנזכר לעיל (3-20).

שווי צורה והפכיות צורה

(20-8) ובזה תבין, מ"ש מה שכתוב בתוספות [מסכת] כתובות דף ק"ד, דעד שאדם מתפלל שיכנס תורה לתוך גופו, יתפלל שלא יכנסו מעדנים לתוך גופו, ע"ש עיין שם. והיינו, משום דצורת הקבלה העצמיית, שהוא ההפכי מהקדושה מתרבה

que ninguna delicia entre en su cuerpo; vea allí. Esto es porque la Forma de Recibir para Sí Mismo, que es lo opuesto a [el Sistema de la] Santidad, prolifera y crece al [mismo] ritmo que el placer que [la persona] alcanza para su cuerpo, como se mencionó antes (20-3). Así que ¿cómo es posible que nosotros alcancemos la Luz de la Torá en nuestro cuerpo cuando estamos separados por la Diferencia de Forma completa de la Santidad? Y hay un gran odio entre los dos, de la misma forma que todos los opuestos se odian uno al otro y no pueden existir bajo un mismo techo.

(20-9) Es simple [de entender] que primero debemos orar para que las delicias y los placeres no entren en nuestro cuerpo. Así, mientras más estamos manifestando la Torá y los Preceptos, más merecemos, paso a paso, al transformar la Forma de Recibir [para Sí Mismo] a ese [de Recibir] para Compartir. Y en consecuencia, nuestra Forma [espiritual] se vuelve similar a la del Sistema de la Santidad, y la afinidad regresa junto con el amor entre nosotros, como estaba antes del pecado del Árbol del Conocimiento. Y entonces merecemos la Luz de la Torá porque nos acercamos a la presencia del Creador.

La Luz de la Sabiduría
Sobre la sabiduría, la vida y la eternida

ומתגדל, בשיעור התענוג המושג לגופו, כנ"ל (20-3). וא"כ איך אפשר לו להשיג אור תורה לתוך גופו, בהיותו נפרד בהפכיות הצורה עד לקצה מהקדושה, ושנאה גדולה מצוי ביניהם, כערך כל ההפכיים ששונאים זה לזה, ואינם יכולים להמצא בכפיפה אחת.

(20-9) ופשוט הוא, שמחוייב מקודם להתפלל, שלא יכנסו המעדנים והתענוגים לתוך גופו, ולפי רוב המעשה בתורה ומצות, נמצא לאט לאט, זוכה להפך צורת הקבלה לע"מ לעל מנת להשפיע, ונמצא משוה צורתו למערכת הקדושה, וחזר להיות ההשתוות והאהבה ביניהם, כמו שהיה קודם חטאו של עצה"ד עץ הדעת, וזוכה לאור תורה, להיותו נכנס למחיצתו של הקב"ה הקדוש ברוך הוא.

Capítulo 21:
La temporalidad para la eternidad

El lamento de los ángeles

(21-1) Ahora podemos entender por qué las respuestas de los ángeles celestiales con respecto a la creación de Adán [y la humanidad], que fue discutida en la sección 11, no fueron dadas; vea allí. Esto es porque aun los Ángeles de la Misericordia y la Justicia no podían ponerse de acuerdo en cuanto a la humanidad del período presente [esto es: después del pecado de Adán] porque [la humanidad] había salido completamente de estar bajo la influencia [de los ángeles] y estaba ahora sustentada por la *Sitra Ajra* (el Otro Lado), como se discutió anteriormente (12-6).

(21-2) Y es por esto que el Midrash concluye (11-3) diciendo que [el Creador] tomó a [el Ángel de] la Verdad y lo arrojó a la Tierra (Daniel 8:12). Inmediatamente todos dijeron: "Que la Verdad brote de la tierra" (Salmos 85:12) que significa que hasta los Ángeles de la Misericordia y la Justicia lamentaron su consentimiento [para la creación del Hombre] porque ellos nunca estuvieron de acuerdo con que esto sucediera, a saber: que la Verdad fuera degradada.

(21-3) Esta situación ocurrió mientras [Adán y Eva] comían del Árbol del Conocimiento, cuando [el Ángel de] la Verdad no formaba parte de la administración de la realidad. Esto sucedió debido a que el poder de discernimiento, que fue instilado en el ser humano del aspecto de [el Mundo de] *Yetsirá* (Formación) y el cual funciona por medio de percibir lo amargo y lo dulce, como se explicó antes en la sección 16 (vea allí), se hizo débil y falló. La razón para esta [falla] es que la abundancia, la cual [consiste de] los 288 aspectos diferentes destinados para la existencia, ya ha sido refinada y se ha hecho clara como el Sol al mediodía y estaba

פרק 21:
זמניות לשם נצחיות

מלאכים מתחרטים

(21-1) ועתה מובן היטב, למה לא מובא תשובתם של המלאכי מעלה, בדבר בריאת האדם, שעמדנו בהמדרש כנ"ל, באות י"א ע"ש עיין שם. להיות, שעל אדם של עתה, לא הסכימו אפי' אפילו מלאכי חסד וצדקה, כי יצא כולו מתחת השפעתם, ונעשה סמוך על שלחן של הס"א הסיטרא אחרא (הצד האחר) כנ"ל (6-12).

(21-2) והיינו שמסיים המדרש (11-3), שנטל האמת והשליכו לארץ (דניאל ח', י"ב), מיד אמרו כולם תעלה האמת מן הארץ (תהלים פ"ה, י"ב). כלומר, שאפי' אפילו מלאכי חסד וצדקה, התחרטו על הסכמתם, כי אדעתא דהכי לא הסכימו מעולם, שיתבזה האמת וכו'.

(21-3) שמקרה הזה, קרה בעת אכילת העצה"ד העץ הדעת, שנעדר האמת מהנהגת קיום המציאות, כי נכשל ונחלש כח הבירור, המוטבע באדם מצד היצירה, שאופני פעולתו, היה ע"י על ידי הרגש מר ומתוק, כמו"ש כמו שכתוב לעיל באות ט"ז, עש"ה עיין שם הכתוב. כי השפע של קיום, שהם רפ"ח (288) בחי' בחינות שונות, כבר היו ברורים, כשמש בצהרים, ומחוברים במערכת הקדושה, "וחיך

conectada al Sistema de la Santidad. El paladar que come saboreará el sabor (Job 12:11), [tanto] para acercarse a todo lo que es amado y dulce y para ser completados por ello, como para rechazar todo lo que es amargo y malo para él, de manera que la persona no falle debido a esto; estudie bien eso.

Un dulce comienzo con un amargo final

(21-4) Verdaderamente, después de probar por vez primera del Árbol del Conocimiento, la Forma Total de Recibir para Sí Mismo fue adherida [a Adán y Eva], y sus cuerpos y la Santidad se volvieron dos opuestos, como se discutió antes (19-1). Luego la abundancia [planeada] para la existencia, la cual es los 288 aspectos mencionados antes (capítulo 13), fue transmitida a la *Sitra Ajra* (el Otro Lado). Y así las 288 chispas, que ya habían sido diferenciadas anteriormente, fueron mezcladas otra vez por la *Sitra Ajra*.

(21-5) Como resultado, una forma nueva nació en [nuestra] realidad, la cual es la Forma [de Recibir] que empieza dulce y termina amarga. Porque esta es la manera en que la Forma [de Recibir] de las 288 chispas fue cambiada por la *Sitra Ajra*, y así la Luz del Deleite se volvió el conducto a través del cual la separación y la gota de amargura fueron producidas, como se mencionó antes (19-3). Y esta es la 'Forma de la Falsedad', la fuente [lit. padre] de todo el caos y toda la confusión.

(21-6) Es por esto que está dicho que (11-2): "Él tomó a la Verdad y la arrojó a la Tierra", y por lo tanto, a causa de la Serpiente, un nuevo poder de discernimiento fue instilado en el Hombre. Este [poder de discernimiento] es la fuerza activa de la mente que actúa por medio de discernir lo verdadero de lo falso, y está obligado a servirle a lo largo del proceso de Corrección. Sin [ser capaz de distinguir la verdad de la

La Luz de la Sabiduría
Sobre la sabiduría, la vida y la eternida

אוכל יטעם" (איוב י"ב, י"א), לקרב ולהשתלם, בכל הנאהב והמתוק, ולדחות כל המר, והרע לו, באופן שלא יכשל אדם בהם, כנ"ל עש"ה עיין שם היטב.

התחלה מתוקה וסוף מר

(21-4) אמנם אחר הטעימה הראשונה של עצה"ד עץ הדעת, שבחמתה נתדבק בהם, צורת גדלות הקבלה העצמיית, ונעשה גופם עם הקדושה, ב' הפכים, כנ"ל (19-1). אז הגיע השפע של קיום, שהיא רפ"ח (288) הבחי' בחינות הנ"ל (פרק 13), לידי הס"א הסיטרא אחרא (הצד האחר). ונמצא שרפ"ח (288) הניצוצין, שהיו כבר ברורים, חזרו ונתבלבלו בידי הס"א הסיטרא אחרא (הצד האחר).

(21-5) ונולד צורה חדשה במציאות, שה"ע שהוא עניין הצורה, שתחילתה מתוק וסופה מר. כי כן נשתנה, צורת הרפ"ח (288) בידי הס"א הסיטרא אחרא (הצד האחר), שאור התענוג, שעל ידיהם מביא פירוד, וטפה של מרה כנ"ל (13-19). שזה הוא צורת השקר, אבי אבות החורבנות וכל בלבול.

(21-6) וז"ש וזה שאמר (11-2) שנטל האמת והשליכו לארץ, וע"כ ועל כן ניתוסף להאדם, מתוך עטיו של נחש בירור חדש, שהוא כח הפועל השכלי, שאופני

159

falsedad], cualquier beneficio es obstruido, como se mencionó antes en el asunto 16; estudie bien eso.

"He comido y comeré más"

(21-7) Venga y aprenda la cantidad de confusión que fue creada debido a la caída de las 288 chispas en las manos de la *Sitra Ajra* (el Otro Lado). Antes de degustar del Árbol del Conocimiento, la mujer no podía ni siquiera tocar lo que estaba prohibido, como se discutió antes en el asunto 17, porque cuando ella apenas se acercaba al Árbol del Conocimiento como para tocarlo, inmediatamente probaba en este un amargor que sabía como la muerte. Debido a esto, ella entendió e incluso agregó la prohibición de tocarlo, como fue mencionado antes; vea allí. Pero después de la primera degustación, cuando el sistema operativo de la *Sitra Ajra* (el Otro Lado) y de la falsedad prevaleció en la existencia de la realidad, lo que les habían prohibido a ellos [Adán y Eva] les pareció tan dulce al principio que ya no podían renunciar a este, como nuestros sabios dijeron: "He comido y comeré más", como se mencionó antes (18-7).

La Corrección en el tiempo del Mesías

(21-8) Con esto, usted entenderá por qué la recompensa dada por obedecer a la Santa Torá es definida solamente como dar paz al cuerpo; es porque todo el propósito de la Torá es generar la Corrección del pecado del Árbol del Conocimiento, cuando el sistema operativo de la realidad fue confundido por este. Es para esta Corrección que fue dada la Torá; es decir, para elevar las 288 chispas de regreso a [el Sistema de] la Santidad. Luego el sistema operativo de la realidad regresará a la Santidad y la confusión será eliminada de las formas de existencia de la realidad. Como resultado, la gente se adecuará por sí misma para su perfección deseada por medio de discernir sola entre amargo y dulce, lo cual fue el primer

פעולתו ע"י על ידי בירורי אמת ושקר, שמוכרח לשמש עמו, בכל משך זמן מהלך התיקונים. שבלעדו הוא נמנע התועלת, כנ"ל באות ט"ז, עש"ה עין שם היטב.

"אכלתי ואוכל עוד"

(21-7) ובוא והשכל כמות הבלבול שנתהוה, בסיבת נפילת הרפ"ח (288) ניצוצין לידי הס"א הסיטרא אחרא (הצד האחר), כי בטרם שטעמו מעץ הדעת, לא יכלה האשה, אף לנגוע בדבר האסור, כנ"ל באות י"ז, דאפי' שאפילו בקירוב נגיעה לעץ הדעת, תיכף טעמה, בו מריריות בטעם מות, דע"כ דעל כן הבינה והוסיפה, גם באיסור נגיעה, כנ"ל ע"ש עין שם, ואחר טעימה הא' שכבר שלטה הנהגת הס"א הסיטרא אחרא (הצד האחר) והשקר בקיום המציאות, נעשה להם האיסור כ"כ כל כך מתוק בתחילתו, עד שלא יכלו עוד לפרוש הימנו, כמ"ש כמה שכתבו [חכמינו] ז"ל, שאמר "אכלתי ואוכל עוד" כנ"ל (18-7).

תקון ימות משיח

(21-8) ובזה תבין מה שהמתן שכר שבהתורה הק' הקדושה, מוגדר, רק בשלות הגופות, להיות, שכל ענין התורה, הוא להבאת תיקונו של חטא העצה"ד העץ הדעת, שנתבלבל ההנהגה של קיום המציאות על ידיה. ולתיקון זה ניתנה התורה, כדי לחזור ולהעלות הרפ"ח (288) ניצוצין להקדושה, שאז ישוב ההנהגה של הקיום אל הקדושה, ויסורו הבלבולים, מדרכי הקיום המציאות, שאז יוכשרו בני אדם

Capítulo Dos:
Capítulo 21: La temporalidad para la eternidad

acto [de Adán y Eva] antes del pecado del Árbol del Conocimiento. Y usted [debe] entender esto.

(21-9) Los profetas, también, hablan solamente acerca de esta Corrección, que es por lo que nuestros sabios dijeron: "Todos los profetas tenían profecías solamente acerca de los Días del Mesías" (Bavli, Tratado Berajot 34) que consiste en traer de regreso las formas de existencia del mundo de acuerdo con la Providencia refinada, como era antes del pecado. "Pero en cuanto al Mundo por Venir" (ibid.), a saber: completar y alcanzar la Similitud de Forma con el Creador, como se discutió antes, entonces "ningún ojo ha visto nunca al Creador, con excepción de ti" (ibid.). Estudie bien eso. Esto es tal como se dijo acerca de los Días del Mesías: "Si Egipto no asciende, etc., la lluvia no caerá sobre ellos, etc." (Zacarías 14:17) que se refiere a diferenciar entre lo bueno y lo malo.

La Luz de la Sabiduría
Sobre la sabiduría, la vida y la eternida

לשלימותם הנרצה, מאליהם, ע"י על ידי הבירור של מר ומתוק לבד, שהוא הפועל הראשון שבטרם חטאו של עצה"ד עץ הדעת, והבן.

(21-9) וכן הנביאים, אינם מדברים אלא מתיקון הזה לבד, והיא שאמרו חז"ל (תלמוד בבלי, מסכת ברכות דף ל"ד): "כל הנביאים לא נתנבאו אלא לימות המשיח", שהוא ענין השבת דרכי קיום העולם בהשגחה המבוררת, כמו שהיתה קודם החטא, "אבל לעולם הבא", פי' פירוש גמר הענין שהוא השואת צורה ליוצרה כנ"ל, "עין לא ראתה אלהי"ם זולתיך", עש"ה עיין שם הכתוב, וכמו"ש וכמו שכתוב, שבימות המשיח, (אם) מצרים לא יעלה וכו' לא עליהם יהיה הגשם (זכריה י"ד, י"ז) וכו' והיינו ע"י על ידי בירור טו"ר טוב ורע כנ"ל.

Capítulo 22:
Un tsadik viene al mundo

Misma alma, cuerpo diferente

(22-1) Ahora podemos entender el dicho de nuestros sabios que presentamos [al principio de este libro]: que el Creador no podía encontrar una Vasija más apropiada para contener una bendición para los israelitas más que la paz, etc. (fin de Tratado Ukatsín). Preguntamos por qué esta frase fue escogida para finalizar el Talmud. De acuerdo con lo que se ha dicho hasta ahora, se ha puesto en claro que debido al pecado del Árbol del Conocimiento, el Alma eterna de la Vida, la cual el Creador insufló en las fosas nasales de [Adán] fue para sus propias necesidades, y [después del pecado, esta] recibió una Forma nueva llamada el "sudor de la vida". Esto significa que el total [esto es: el alma eterna] fue dividido en una gran cantidad de segmentos individuales —en muchas gotas minúsculas— que fueron divididas entre Adán, el Primer hombre, y toda su descendencia hasta el fin de los tiempos.

(22-2) Así, no hay cambio en absoluto en el acto del Creador excepto que hay una Forma adicional, porque esta Luz de Vida general, que estaba contenida en las fosas nasales de Adán, el Primer Hombre, ha sido expandida a una gran cadena que reencarna como una rueda de Diferencia de Forma en muchos cuerpos, un cuerpo después de otro, hasta el necesario Final del *Tikún* (Corrección). Y por lo tanto, sucedió que inmediatamente al comer del Árbol del Conocimiento, [Adán y Eva] murieron y la Vida Eterna los abandonó y se adhirió a sus órganos reproductivos (refiriéndose a la unión carnal, que es llamada *shalom* [paz], como se discutió en el Zóhar y en los *Escritos del Arí*, de Rav Yitsjak Luria), como se ha dicho.

La Luz de la Sabiduría
Sobre la sabiduría, la vida y la eternida

פרק 22:
צדיק בא לעולם

אותה נשמה, גוף אחר

(22-1) ועתה מובן לנו מאמר חז"ל שנכנסנו בו, דלא מצא הקב"ה הקדוש ברוך הוא כלי מחזיק ברכה לישראל אלא השלום וכו' (סוף מסכת עוקצין), ועמדנו בו, למה נבחר מאמר זה לסיום הש"ס הששה סדרי משנה, ומובן ע"פ על פי הנ"ל, דמסבת חטאו של עצה"ד עץ הדעת, פרח נשמת חיים הנצחיית, שנפח ה' באפו, לצרכי האדם הראשון לבדו, וקבלה לצורה חדשה, המכונה זיעה של חיים, כלומר שנתחלק הכלל לפרטים מרובים מאד, לטפין טפין, שנתחלק בין אה"ר אדם הראשון וכל תולדותיו, עד עת קץ.

(22-2) באופן, שאין שינוי כלל במעשה השי"ת השם יתברך אלא צורה נוספה יש כאן, אשר זה אור החיים הכללי, שהיה צרורה באפו של אה"ר אדם הראשון, נתפשט לשלשלת גדולה, המתגלגלת על גלגל שינוי הצורה, בגופות מרובות, ובגוף אחר גוף, עד גמר התיקון המחויב. ולפיכך נמצא שתיכף ביום אכילתו מעצה"ד מעץ הדעת מת, ופרח הימנו חיים הנצחיים, אלא שנקשר באבר ההולדה, (שה"ע שהוא ענין הזווג שנק' שנקרא שלום כמ"ש כמה שכתוב בזוהר וכהאר"י ובכתבי האר"י) לשלשלת גדולה כאמור.

Capítulo Dos:
Capítulo 22: Un tsadik viene al mundo

Nosotros creamos la inmortalidad

(22-3) Por lo tanto, está claro que ninguna persona vive solamente para su propio bien sino más bien para el bien de toda la cadena, y de tal manera que cada parte de la cadena no recibe la Luz de Vida en sí misma, sino que solamente confiere la Luz de Vida sobre la totalidad de la cadena. Usted encuentra esto en el cálculo de los días de vida [de una persona]: cuando tiene veinte años debe casarse con una mujer, y luego es conveniente esperar diez años y entonces procrear hijos, como nuestros sabios dijeron.

(22-4) Y así, cuando es treintañero, debe ciertamente tener hijos. Luego se sienta y espera a que su hijo crezca hasta que él tiene cuarenta años —la edad del entendimiento— para que pueda pasar [a su hijo] toda su riqueza y el conocimiento que él mismo ha ganado, además de todo lo que ha aprendido y ha heredado de sus ancestros. Y luego debe estar seguro de que su hijo no lo pierda en alguna mala empresa. Entonces se va inmediatamente de este mundo y su hijo sostiene el resto de la cadena, en lugar de su padre.

"Él es terrible en su difamación de los seres humanos"

(22-5) Hemos explicado en la sección 15 que el pecado del Árbol del Conocimiento fue anticipado para Adán, el Primer Hombre. Esto está de acuerdo con el versículo: "Él es terrible en su difamación de los hijos del hombre" (Salmos 66:5). Estudie bien eso. Es necesario que [un ser humano] adquiera, construyéndola, una Vasija externa para recibir la Luz Circundante de una manera tal que ambos opuestos estén unidos en un objeto retenedor (o transportador), durante dos períodos de tiempo, uno después del otro.

(22-6) Durante su *katnut* (pequeñez; también: primeros años) él es sustentado por la *Sitra Ajra* (el Otro Lado), y a través de la fuente

אנחנו יוצרים נצחיות

(22-3) ונמצא שאין אדם חי לצורך עצמו, אלא לצורך השלשלת כולו, באופן שכל חלק וחלק מהשלשלת, אינו מקבל את אור החיים לתוך עצמו, אלא רק משפיע אור החיים, לכללות השלשלת. וכן אתה מוצא במדת ימי חייו, כי בעשרים שנה, ראוי לישא אשה. ועשר שנים, ראוי להמתין על לידת בנים, כמ"ש כמה שאמרו [חכמינו] ז"ל.

(22-4) ונמצא מוליד בטוח, בשנת השלשים ואז, יושב וממתין על בנו, עד שיגיע לארבעים שנה, ימי בינה, באופן, שיוכל למסור לו, את הונו וידיעותיו, שרכש בעצמו, וכל אשר למד וירש מאבותיו, ויהיה בטוח עליו, שלא יאבד זה בעניין רע, שאז תיכף הולך לו לעולמו, ובנו נאחז בהמשך השלשלת, תחת אביו.

"נורא עלילה לבני אדם"

(22-5) והנה נתבאר לעיל אות ט"ו, אשר מקרה החטא של עצה"ד עץ הדעת, היה במחוייב לאה"ר לאדם הראשון, בסו"ה בסוד הכתוב נורא עלילה לבני האדם (תהילים ס"ו, ה'), עש"ה עיין שם הכתוב. כי צריך לקנות בבניינו, כלי חצון, לקבלת אור מקיף, באופן, שב' ההפכים יבואו בנושא אחד, בב' זמנים בזה אחר זה.

(22-6) שבזמן קטנותו, יהיה סמוך על שלחן הס"א הסיטרא אחרא (הצד האחר), וע"י ועל ידי התענוגים דפרודא שמקבל בחמתם, מתגדלים בו הכלי קבלה דחלל הפנוי,

167

Capítulo Dos:
Capítulo 22: Un tsadik viene al mundo

fragmentada de placer que recibe de esta, las Vasijas Receptoras del Espacio Vacío crecen en él, según sus dimensiones deseadas. Luego, en el tiempo en que alcanza la *gadlut* (grandeza; también: madurez) y se dedica a la Torá y los Preceptos, él tendrá la capacidad de alterar estas grandes Vasijas Receptoras [y transformarlas en Recibir] para Compartir. Este es el propósito principal, que es llamado la Luz de la Verdad y el sello, como fue discutido antes en la sección 14; estudie bien eso.

Un *tsadik* (persona justa) en cada generación

(22-7) Ciertamente, es sabido que antes de conectarse al [Sistema de] la Santidad, [una persona] ha de separarse de todas las Formas de Recibir que ha adquirido de la mesa de la *Sitra Ajra* (el Otro Lado), tal como cuando el Precepto del Amor ha llegado a nosotros "con toda tu alma y con toda tu fuerza" (Deuteronomio 6:5). Así que ¿qué bien hicieron los sabios al establecer las leyes si una persona regresa y pierde otra vez lo que ha ganado de la *Sitra Ajra*? Analice bien esto. Por lo tanto, la Providencia [del Creador] ha preparado una cantidad creciente de cuerpos en todas y cada una de las generaciones, a tal grado que nuestros sabios han dicho: "Se dio cuenta de que los *tsadikim* (justos) no son sino unos pocos, así que Él los plantó en todas y cada una de las generaciones" (Tratado Yomá 38b).

(22-8) Esto significa que [el Creador] vio que los justos están destinados a rechazar completamente la idea de Recibir para Sí Mismo y que su Luz Circundante disminuiría de esa manera, ya que la Vasija externa que es apropiada para esta fue alejada de ellos. Por lo tanto, Él plantó a los *tsadikim* (gente justa) en todas y cada una de las generaciones porque cada generación tiene un gran porcentaje de personas que son principalmente creadas para los justos y quienes son los transportadores de las Vasijas del Espacio Vacío [para los justos]. De esta manera, la Vasija externa es usada para los justos [por el resto de la gente], aunque por coerción y no voluntariamente.

בשיעורם הנרצה, ואז, כשמגיע לגדלותו, ועוסק בתורה ומצות, יהיה מצוי לו היכולת, להפוך כלי קבלה הגדולים, בע"מ בעל מנת להשפיע שהיא עיקר המטרה, שנק' שנקרא אור האמת, והחותם, כנ"ל באות י"ד עש"ה עיין שם היטב.

צדיק בכל דור

(22-7) אמנם נודע, שבטרם שמתחבר להקדושה, מחוייב שוב להתפרש, מכל צורת הקבלה, שהשיג משלחן הס"א הסיטרא אחרא (הצד האחר) כמו שהגיע אלינו מצוות האהבה, בכל נפשך ובכל מאודך (דברים, ו׳, ה׳), וא"כ ואם כן מה הועילו חכמים בתקנתם, דשוב חזר ואבד, כל מה שהשיג מס"א מסיטרא אחרא (מהצד האחר), ודו"ק ודייק היטב. ולפיכך, הזמין השגחתו ית' יתברך, ריבוי הגופות בכל דור ודור, עד שאמרו [חכמינו] ז"ל, ראה הצדיקים שהמה מועטים, עמד ושתלן בכל דור ודור (מסכת יומא דף ל"ח, עמוד ב׳).

(22-8) פי' פירוש, שראה [הבורא] ית' יתברך, שסופם של הצדיקים, לדחות לגמרי ענין הקבלה העצמיית, ונמצאים נתמעטים מאור מקיף שלהם, כי נדחה מהם כלי החצון הראוי לזה, וע"כ ועל כן שתלן בכל דור ודור, שאין לך דור שלא יהיה בו חלק גדול מאותם הבריות שעיקר בריאתם אינם אלא בשביל הצדיקים, שיהיו המה הנושאים בחי' בחינת הכלים דחלל הפנוי, בשבילם שיתפעל בהצדיקים בחי' בחינת כלי חיצון על ידיהם, על צד ההכרח שלא ברצונם.

Capítulo Dos:
Capítulo 22: Un tsadik viene al mundo

(22-9) Esto es porque todos los habitantes [terrestres] están adheridos uno a otro; interactúan uno con otro e influencian a cada uno en términos de tendencias y opiniones corporales. Por lo tanto, automáticamente traen las tendencias del recibir egoísta a los justos, y así, de esta manera, [los justos] son capaces de recibir la deseada Luz Circundante. De acuerdo con esto, sin embargo, los justos y los perversos tendrían que estar en igualdad [de números] en cada generación, pero no es así. En vez de eso, por cada persona justa, encontramos miles y miles de personas triviales.

Fuerzas cualitativa y cuantitativa

(22-10) No obstante, usted debe saber que allí podemos encontrar dos clases de dominio sobre la Creación: una es una fuerza cualitativa y la segunda es una fuerza cuantitativa. Todos aquellos que conducen su vida de acuerdo con la *Sitra Ajra* (el Otro Lado), su fuerza es débil, patética, despreciable y baja, sin voluntad y sin propósito; son retraídos como la paja sacudida por el viento. Siendo esto así, ¿cómo podrían tales personas tener alguna influencia entre la gente de sabiduría —cuyos caminos son escogidos con motivación y propósito y para quienes la columna de la Luz Celestial brilla sobre su sendero día y noche— y a tal grado que sean capaces de meter sus inclinaciones diminutas en sus corazones? Por esta razón, el Creador introdujo en la Creación la fuerza cuantitativa, porque esta fuerza no necesita cualidad en absoluto.

(22-11) Le explicaré [este concepto] a usted de la siguiente manera: encontramos una fuerza cualitativa en el heroísmo, como con leones y tigres donde ningún hombre lucharía contra ellos debido a la gran cualidad de la fuerza de su heroísmo. En contraste, encontramos [ejemplos de] fuerza y heroísmo sin cualidad alguna en absoluto, solamente cantidad, como en el caso de las moscas, a las cuales ningún hombre intentaría combatir debido a su enorme cantidad, con el resultado de que estas pestes tienen

LA LUZ DE LA SABIDURÍA
Sobre la sabiduría, la vida y la eternida

(22-9) והוא, מפני שכל בני הישוב, יש להם דביקות זה עם זה, להתפעל זה מזה, הן בנטיות הגוף, והן בדעות, וע"כ ועל כן, המה מביאים במחוייב, את נטיות הקבלה עצמיית, להצדיקים, שבאופן זה מסוגלים לקבל, את האור מקיף הנרצה. אמנם לפי"ז לפי זה, היו צריכים צדיקים ורשעים להמצא בכל דור ודור ובמשקל השוה, ואינו כן, אלא על צדיק אחד, אנו מוצאים אלפי רבבות של ריקים.

כוח איכותי וכוח כמותי

(22-10) אלא צריך שתדע ב' מיני שליטות, הנמצאים בהבריאה. הא', הוא כח איכותי, הב', הוא כח כמותי. ולהיות שכל אותם המתנהלים לרגלי הס"א הסיטרא אחרא (הצד האחר), כחם דל ומצער בזוי ושפל, בלי חפץ ובלי מטרה, אלא הולכין ונהדפים כמוץ לפני רוח. א"כ אם כן, איך יוכלו כאלה, לפעול מה, באנשים חכמי לב, שדרכיהם מבורר בחפץ ותכלית, ועמוד אור העליון מאיר לפניהם יומם ולילה. באופן, שיספיקו להביא נטיותיהם הקטנטנות בלבבם. אשר ע"כ על כן, הזמין [הבורא] ית' יתברך, כח הכמותי בהבריאה, שכח הזה, אינו צריך לאיכות של כלום.

(22-11) ואסביר לך, על דרך שאנו מוצאים, כח האיכותי בגבורה כמו באריות ונמרים. אשר מרוב האיכות שבכח גבורתם, שום אדם לא ילחם בהם. ולעומתם, אנו מוצאים כח וגבורה, בלו איכות של כלום, אלא בכמות לבד, כמו הזבובים.

Capítulo Dos:
Capítulo 22: Un tsadik viene al mundo

libertad total en la casa de una persona y sobre su mesa puesta, mientras que él se siente débil frente a ellas.

(22-12) Este no es el caso cuando se trata de insectos del campo [y] reptiles y semejantes, en términos de huéspedes indeseables. Aunque su fuerza es de calidad superior a la de las moscas domésticas, un hombre no permanecería inmóvil o en descanso hasta que se las arreglara para ahuyentarlas completamente de las cercanías de él. Esto es porque la naturaleza no les ha concedido la fuerza de grandes números como lo ha hecho con las moscas. Por medio de esto, usted entenderá que debe haber una multitud muy grande de personas para cada *tsadik* (persona justa) para que sean capaces de afectarlo con sus tendencias crudas; [ellos pueden hacer esto solamente] a través de su fuerza de cantidad debido a que no tienen ninguna cualidad. Entienda esto bien, y este no es el lugar para profundizar en esto.

La Luz de la Sabiduría
Sobre la sabiduría, la vida y la eternida

שלגודל הריבוי שבהם, שום אדם לא ילחום עמהם, וטיילים האלו, בני חורין המה בביתו של אדם, ועל שולחנו הערוך, והאדם מרגיש את עצמו חלש לנגדם.

(22-12) משא"כ מה שאין כן, לעומת זבובי השדה, ושרצים, וכדומה, מאורחים בלתי קרואים, הגם שכחם יהיה ביתר איכות מזבובים הביתים, לא ישקוט האדם, ולא ינוח, עד כלה יגרש אותם מרשותו. והוא, מפני שהטבע לא הנחיל להם כח הריבוי, כמו לזבובים. וע"פ ועל פי זה תבין, אשר בהכרח, מחוייב להמצא המון גדול מאוד, על כל צדיק וצדיק, עדי שיפעלו בו את נטיותיהם הגסות, בכח הריבוי שבהם, משום שאין להם איכות של כלום, והבן היטב, ואכמ"ל ואין כאן מה להאריך עוד.

Capítulo 23:
La paz es una vasija apropiada para contener la bendición

La garantía del Creador para la inmortalidad

(23-1) Esto es lo que se quiso decir con el pasaje: "Que el Creador dé fuerza a Su pueblo" (Salmos 29:11). Esto significa que la Luz de la Vida eterna, la cual es alcanzada por toda la cadena de la Creación, es llamada "fuerza" [heb. *oz*]. Y la Escritura nos promete que el Creador nos da esta fuerza con certeza. Verdaderamente, debemos preguntar: ¿De qué manera? La razón es que cada uno de nosotros no es una entidad completa en sí mismo, como nuestros sabios han dicho: "Habría sido mejor que la humanidad no hubiese sido creada que haber sido creada" (Tratado Eruvín, 13b) y por lo tanto, ¿cómo podemos estar seguros de la eternidad de la [Luz de la Vida]?

(23-2) Es por esto que el Salmo termina con: "Que el Creador bendiga a Su pueblo con *shalom* (paz)" (Salmos 29:11). Esto alude a la bendición de tener hijos y está de acuerdo con lo que los sabios dijeron en Tratado Shabat (152a): "[Shabat] introduce paz en la casa del ocioso" porque, a través de los hijos, la cadena es extendida y continúa todo hasta el Final del *Tikún* (Corrección). Y entonces todas las partes están en un estado de eternidad". Entienda esto, aunque aquí no es el lugar para extenderse sobre esto.

Padres, hijos y la bendición de la inmortalidad

(23-3) Por lo tanto, nuestros sabios dijeron que el Creador no encontró otra Vasija que la paz para contener Su bendición para los israelitas (final del Tratado Ukatsín) porque así como Su bendición es eterna, los recipientes

פרק 23:
השלום: כלי מחזיק ברכה

הבטחת הבורא לחיים נצחיים

(23-1) וזה שיעור הכתוב, ה' עוז לעמו יתן (תהילים כ"ט, י"א), פי' פירוש, שאור החיים הנצחי, המושג לכל שלשלת הבריאה, הוא נקרא עוז, ומבטיח לנו הכתוב, שהשי"ת שהשם יתברך נותן לנו בבטחה העוז הזה. אמנם יש להקשות הא כיצד, כיון דכל אחד ואחד, אינו ענין שלם לעצמו, כמ"ש כמו שאמרו [חכמינו] ז"ל, (מסכת עירובין דף י"ג, עמוד ב') "טוב לו לאדם שלא נברא משנברא" וא"כ ואם כן, איך אנו בטוחים בנצחיותו ית' יתברך.

(23-2) וזה שגומר הכתוב, ה' יברך את עמו בשלום (תהילים כ"ט, י"א), והיינו, ברכת הבנים, ע"ד על דרך שאמרו [חכמינו] ז"ל, במסכת שבת (דף קנ"ב, עמוד א') משים שלום בבית בטל, כי ע"י על ידי הבנים, נמשך ונקשר השלשלת הזה עד גמר התיקון, ואז נמצאים כל החלקים בנצחיות, ואכמ"ל ואין כאן מקום להאריך והבן.

אבות, בנים וברכת הנצחיות

(23-3) ולפיכך, אמרו [חכמינו] ז"ל, לא מצא הקב"ה הקדוש ברוך הוא כלי מחזיק ברכה לישראל אלא השלום (מסכת עוקצין, דף אחרון), כי כמו שברכתו ית' יתברך היא נצחיית, צריכים המקבלים ג"כ גם כן להיות נצחיים, ובזה נמצא אשר ע"י על ידי הבנים,

Capítulo Dos:
Capítulo 23: La paz es una vasija apropiada para contener la bendición

también deben ser eternos. Así, concluimos que los padres se aferran a sus hijos, y crean entre ellos una cadena de eternidad que es merecedora de contener la bendición de la eternidad. Por lo tanto, la paz es la que contiene y preside sobre la compleción de la bendición.

(23-4) Por lo tanto, [nuestros sabios] concluyeron el *Shas* (los "seis órdenes" de la Mishná) con este dicho porque la paz, como se mencionó antes (23-2), es la Vasija que contiene para nosotros la bendición de la Torá y todos los Preceptos, hasta la Redención completa y eterna, ¡que venga rápidamente en nuestros días! Y todo alcanzará su propósito final en paz.

נאחזים האבות, ועושים בינהם שלשלת הנצחיות, הראוי להחזיק ברכה הנצחיות, ונמצא שהשלום הוא המחזיק ומנצח על שלימות הברכה.

(23-4) ולפיכך סימנו הש"ס הששה סידרי משנה במאמר הזה, להיות השלום כנ"ל (23-2), הוא הכלי מחזיק בעדינו ברכת התורה וכל המצוות, עד לגאולה שלימה ולנצחיות, בב"א במהרה בימינו אמן, והכל על מקומו יבוא בשלום.

Glosario

288 (*Rapaj*) — Se refiere a las 288 chispas de Luz que constituyen las almas de toda la humanidad que vienen a este mundo a hacer la corrección a través de la conciencia y las acciones positivas. Estas 288 chispas son la fuente que alimenta la realidad del Bien y el Mal y forman el fundamento del Mundo de *Tikún* (Corrección). Ver también: *Tikún*.

320 (*Shaj*) — Un término que se refiere a las 320 chispas de Luz que cayeron en el vacío como resultado del Rompimiento de las Vasijas. Treinta y dos (*Lev*) de estas 320 chispas están "atrapadas" en un lugar donde no somos capaces de corregirlas hasta el momento de la fase final de la Corrección (*Tikún*); esto deja 288 chispas para realizar la tarea. Las 32 chispas atrapadas son también llamadas *Lev haEven* (Corazón de Piedra). Ver también: **Rompimiento de las Vasijas**, *Tikún*.

613 — El número de Preceptos o parámetros espirituales que fortalecen nuestra relación espiritual y física con nuestros semejantes y el Creador. Todos estos Preceptos pueden ser encontrados en los *Cinco Libros de Moshé*. Los Preceptos están separados en dos categorías: 248 Preceptos de acciones de "harás" proactivas, positivas, que nos ayudan a eliminar obstáculos en nuestro camino espiritual y nos dan claridad, y 365 Preceptos de acciones de "no harás" reactivas, negativas. Cumplir ambos tipos de Preceptos nos acercará al Creador.

Acto de la Carroza (*Maasé Mercavá*) — El estudio de la *Mercavá* (Carroza o Asamblea) es un estudio kabbalístico profundo y secreto que se refiere a la estructura y jerarquía de los Mundos Superiores. Dado que es un estudio que trasciende la lógica, *Maasé Mercavá* es un nivel de conciencia que debe ser estudiado por un kabbalista calificado por mérito propio.

Acto de la Creación (*Maasé Bereshit*) — Un concepto referente tanto a la creación del mundo en seis días, como está descrito en el *Libro de Génesis*, como al *Estudio de las Diez Emanaciones Luminosas*. Los más grandes kabbalistas eran capaces de conectarse con el *Maasé Bereshit* y podían realizar milagros para otras personas con necesidad, milagros que desafiaban las leyes de la naturaleza que fueron establecidas en el momento de la Creación. *Maasé Bereshit* es enseñado a un solo estudiante por vez en un estudio directo con el maestro, y solamente pocos estudiantes selectos en cada generación tienen el mérito de alcanzar este nivel.

Adhesión (*Devekut*) — Un concepto que describe cuán cerca debemos estar del Creador. Necesitamos "adherirnos" y ser como uno con el Creador. La proximidad en el mundo espiritual no es medida por el espacio o la distancia sino por el grado de similitud que existe entre las dos entidades, lo cual es conocido en la Kabbalah como Similitud de Forma. Cuanto más cerca estamos de conducirnos como el Creador, más nos acercamos a ser como Dios. Cuando actuamos de forma egoísta, reactiva y negativa, nos alejamos del Creador y no nos estamos adhiriendo a Él. Cuando actuamos desinteresadamente, como el Creador, nos acercamos a Él. En otras palabras: mientras más nos volvemos como Dios, mayor *Devekut* (Adhesión) tenemos con Él. Ver también: **Diferencia de Forma**, **Similitud de Forma**.

Ángeles — Frecuencias o paquetes de energía espiritual que vagan constantemente y circulan entre nosotros, actuando como mensajeros del Creador y afectando las cosas que pasan en nuestra vida diaria. Podemos imaginar que un ángel es un conducto o un canal que transporta energía cósmica o pensamientos de un lugar a otro o de una dimensión espiritual a la otra. Los ángeles no tienen libre albedrío y cada ángel está dedicado a un propósito específico. Ver también: **Libre albedrío**.

Árbol de la Vida — Ver: *Ets haJayim*.

Arí — Rav Yitsjak Luria, con frecuencia llamado "el Arí" o "el León Sagrado". Nació en 1534 en Jerusalén y murió en 1572 en la ciudad de Safed, en la región de Galilea de Israel. Considerado el padre de la Kabbalah contemporánea, el Arí fue un destacado sabio kabbalista y el fundador del método luriánico de aprender y enseñar la Kabbalah. Su más cercano estudiante, Rav Jayim Vital, compiló y escribió las enseñanzas del Arí palabra por palabra en dieciocho volúmenes. Estos dieciocho volúmenes son colectivamente conocidos como *Kitvéi haArí* o los *Escritos del Arí*. Ver también: **Rav Jayim Vital.**

Asiyá — Ver: **Mundo de Acción.**

Atsilut — Ver: **Mundo de Emanación.**

Avraham el Patriarca — Una figura importante en el *Libro de Génesis*, Avraham es uno de los tres Patriarcas de la Torá y el padre de Yitsjak el Patriarca. La vida y las acciones de Avraham eran el epítome del compartir absoluto. Avraham es una carroza y la conexión a la Sefirá de Jésed (Misericordia). Conectarnos a él nos da la energía de la misericordia y el compartir incondicional. Ver también: **Carroza, Diez Sefirot.**

Baal Shem Tov — Rav Israel, el "Maestro del Buen Nombre" (1690-1760) fue un importante kabbalista de Ucrania y el fundador del movimiento jasídico. Aunque el Baal Shem Tov mismo no escribió ningún libro, sus enseñanzas han sido diseminadas a través de los muchos libros y artículos jasídicos que fueron escritos en su nombre. Cientos de grandes kabbalistas y *tsadikim* (personas justas) a lo largo de los tiempos, incluyendo El Centro de Kabbalah hoy en día, han seguido y aplicado su sistema.

Ben Zomá — Un sabio kabbalista de la Mishná y uno de cuatro gigantes espirituales —Ben Zomá, Ben Azái, Ajer y Rav Akivá— que entraron en el *PaRDéS* (literalmente "huerto") para traer fin al dolor y al sufrimiento en el mundo por medio del uso de los secretos de la Kabbalah y la Torá.

Briá — Ver: **Mundo de Creación.**

Camino del Arrepentimiento (Camino de la Torá) — Hay dos caminos para alcanzar una mejor conexión con la Luz del Creador así como transformación personal y global. Ambos caminos garantizan el mismo resultado. El Camino del Arrepentimiento conlleva transformación personal positiva y crecimiento espiritual continuo. Cuando cambiamos proactivamente nuestra naturaleza y trabajamos sobre nosotros mismos y nuestros rasgos negativos, nos purificaremos de nuestra negatividad sin ningún dolor y sufrimientos reales. Este es el camino fácil para conectarnos con la Luz, uno donde solamente nuestro ego será herido, no nuestra alma. Ver también: **Camino del Sufrimiento.**

Camino del Sufrimiento — Uno de los dos caminos para alcanzar una mejor conexión con la Luz del Creador, así como transformación personal y global. Ambos caminos garantizan el mismo resultado. El Camino del Sufrimiento es un proceso purificador que está lleno de caos, dolor y sufrimiento; ocurre cuando nos rehusamos a reconocer nuestras conductas negativas y cambiar proactivamente nuestra naturaleza. Si no cambiamos nuestra naturaleza nosotros mismos, el cambio ocurrirá por la fuerza y será a través de sufrimiento y dolor físico, retos, caos y vacío. Ver también: **Camino del Arrepentimiento.**

Carroza — Una carroza es como la montura sobre un caballo, la cual conecta al jinete y el caballo. Las carrozas nos ayudan a conectarnos con los Mundos Superiores. Los Patriarcas, junto con Moshé, Aharón, Yosef el Justo y el Rey David son todos ellos considerados carrozas para las siete Sefirot Inferiores. Cuando nos conectamos a una carroza específica, elevamos nuestra conciencia y nos damos un impulso espiritual.

Cáscaras (*klipot*; singular: ***klipá***) — Cáscaras malignas creadas por los actos negativos de la humanidad: son la cubierta metafísica negativa que oculta la Luz del Creador de nosotros y la da al Lado Negativo. Estas *klipot* también se adhieren a las chispas de Luz que no revelamos cuando fallamos en actuar en un impulso o acción positiva, o cuando realizamos una acción egoísta o negativa. Ver también: **Rompimiento de las Vasijas**.

Corrección — Ver: *Tikún*

Creador — La Luz Infinita o la Fuerza de Luz de Dios; la Causa de todas las Causas.

Derash — El tercer nivel del *PaRDéS*, y una de las cuatro maneras de interpretar cada mundo y oración en la Torá. *Derash* es el entendimiento subyacente de las lecciones de cada sección de la Torá que podemos aplicar en nuestra vida diaria. *Derash* es la exposición homilética en contraste con *Peshat*, la interpretación literal. Ver también: ***PaRDéS***.

Días del Mesías — La era de la Redención en algún momento en el futuro, cuando el exilio y la esclavitud, tanto físicas como espirituales, terminarán. De acuerdo con el Talmud, durante este tiempo el Tercer Templo será construido y muchos vendrán a Jerusalén desde las cuatro esquinas del mundo. De acuerdo con la Kabbalah, este será un tiempo de conocimiento y transformación, en el que la gente estará libre de sus necesidades egoístas y expresará fácilmente su verdadera naturaleza: la de compartir. Ver también: **Final del** *Tikún*, *Tikún*.

Diez Sefirot — Las Diez Emanaciones o bloques de construcción espirituales que forman la estuctura del universo invisible. Toda entidad espiritual está hecha de estas Diez Sefirot. La primera *sefirá* (singular de *sefirot*) es Kéter (Corona), que es la semilla para las siguientes *sefirot*. Después de Kéter vienen las otras nueve *sefirot*: Jojmá (Sabiduría), Biná

(Entendimiento), Jésed (Misericordia), Guevurá (Juicio/Poder), Tiféret (Belleza), Nétsaj (Eternidad/Victoria), Hod (Gloria), Yesod (Fundamento) y Maljut (Reino). Maljut trae la fructificación de todas las semillas que fueron plantadas en Kéter. Las *Diez Emanaciones Luminosas* es el estudio de las Diez Sefirot.

Diferencia de Forma — Lo opuesto de la Similitud de Forma. La esencia o forma del Creador es la de compartir. De acuerdo con la Ley de Atracción, cuando no compartimos y en vez de eso actuamos egoístamente, estamos en Diferencia de Forma con el Creador, con el resultado que no nos estamos adhiriendo a Él, sino distanciándonos de Él. Ver también: **Adhesión, Similitud de Forma.**

Él y Su Nombre Son Uno — Un concepto kabbalístico referente a la cualidad que existía antes del *Tsimtsum* (Restricción). "Él" se refiere a la Luz del Creador; "Su Nombre" se refiere a la Vasija. No había distinción o separación entre la Luz y la Vasija en la realidad antes del *Tsimtsum*.

Espacio Vacío — Un concepto enseñado en el *Estudio de las Diez Emanaciones Luminosas*. Es un lugar metafísico donde la Luz del Creador no es revelada. Así, el espacio aparece como si estuviera vacío de Luz.

Este Mundo — El mundo físico en el que vivimos, donde estamos sujetos a la ley de causa y efecto, y atados por las limitaciones del tiempo, el espacio y el movimiento. También llamado la Realidad del Uno por Ciento y el mundo ilusorio.

Ets HaJayim (*Árbol de la Vida*) — Los primeros cuatro volúmenes en el conjunto de dieciocho volúmenes de los *Escritos del Arí*, escrito por Rav Yitsjak Luria (el Arí). Ellos contienen las principales enseñanzas del *Estudio de las Diez Emanaciones Luminosas*.

Final del *Tikún* — El tiempo en que nosotros, como un colectivo, habremos transformado nuestra naturaleza y nos habremos vuelto seres completamente generosos. Cuando estamos en verdadera Similitud o Afinidad de Forma con el Creador, hemos llegado al Final del *Tikún* (literalmente, la Fijación o la Corrección) y los Días del Mesías llegarán. Ver también: **Días del Mesías, Similitud de Forma,** *Tikún*.

Gueonim (plural de *Gaón*) — Los kabbalistas que vivieron durante los siglos VI a XI EC, y quienes fueron los presidentes de las dos grandes academias talmúdicas, *Sura* y *Pumbedita*, así como la Academia Talmúdica de Israel. Fueron los únicos en sus respectivas generaciones que tenían acceso al Zóhar. Su posición correspondía a su habilidad para captar el conocimiento que recibieron de los eruditos en las generaciones anteriores a las suyas.

Halajá — Cualquier ley espiritual del universo que está basada en los 613 Preceptos. Las posteriores leyes talmúdicas junto con las costumbres y tradiciones son mencionadas colectivamente como *Halajá*. El significado literal de *Halajá* es "el camino" porque *Halajá* es una forma de conectarse al camino de la vida a través de las acciones que hacemos. Para aquellos que desean seguir una búsqueda espiritual, la *Halajá* es un sistema de instrucciones sobre lo que hay que hacer, cómo y cuándo. Ver también: **613**.

Idrá Zutá (**Asamblea Pequeña**) — Una sección del Zóhar que aparece en la porción Haazinu. La *Idrá Zutá* enseña los secretos que Rav Shimón bar Yojái reveló a su hijo y sus otros cinco estudiantes en el día de su fallecimiento.

Inclinación al Mal — Cada uno de nosotros tiene siempre dos voces interiores que nos guían a hacer todo, ya sea positivo (proactivo) o negativo (reactivo). La Inclinación al Mal es la voz que nos impulsa a ser negativos y reactivos. Es a veces mencionada como Satán, que en hebreo simplemente significa "Adversario". La Inclinación al Mal es nuestro oponente interior que siempre nos dice que actuemos egoístamente y reactivamente.

Introducción a las Puertas — Ocho libros de los *Escritos del Arí*. Estas Ocho Puertas (*Shemoná Shearim*) son la sabiduría que el Arí le enseñó a Rav Jayim Vital y que él posteriormente compiló en libros.

Israelita — Un nombre codificado para cualquiera que sigue un sendero espiritual y trabaja sobre sus rasgos negativos, y está esforzándose constantemente para transformarlos en positivos. Los israelitas son personas que asumen la responsabilidad de difundir la Luz y ponen las necesidades de los demás delante de las propias. También entienden y siguen la regla espiritual de causa y efecto, y no toman la Torá literalmente sino más bien como un mensaje codificado.

Justo (*Tsadik*) — Una persona que está completamente dedicada a trabajar en la transformación de sus rasgos negativos y en compartir incondicionalmente con los demás. El Midrash también nos dice que esta es una persona cuyas acciones positivas sobrepasan sus acciones negativas.

Kabalah de Boca a Boca — Estudio de la Sabiduría de la Kabbalah de la boca del maestro kabbalista directamente a la boca del estudiante. El estudiante recibe los pensamientos y la conciencia de su maestro, incluyendo secretos e ideas que no son accesibles en libros.

Kabbalah de Boca a Oído — Estudio de la Sabiduría de la Kabbalah de la boca del maestro al oído del esudiante que recibe su conocimiento escuchando a su maesto y leyendo material escrito. Por medio de este sistema, el estudiante recibe el conocimiento de su maestro.

Klipot — Ver: **Cáscaras.**

Komá — Literalmente "estatura" o "altura", *komá* es el número total de niveles dentro de una Vasija espiritual o física. La *komá* mide el "tamaño" de la Vasija. Ver también: **Vasija**.

Libre albedrío — Un concepto que se encuentra en todas las religiones y filosofías. Los kabbalistas dicen que tenemos libre albedrío para que podamos transformar nuestro Deseo de Recibir para Sí Mismo en Deseo de Recibir para Compartir.

Libro de la Formación (*Séfer Yetsirá*) — El libro más antiguo conocido sobre conocimiento y sabiduría kabbalísticos. Escrito por Avraham el Patriarca hace unos 3800 años, trata principalmente del poder intrínseco dentro de las letras arameo/hebreas y las estrellas, y de cómo ambas, las letras y las estrellas, nos influyen en este mundo. Se considera que todos los secretos de la Creación que serán finalmente revelados están ocultos en este libro.

Luz del Infinito — La Luz del Creador, que es la esencia viva de todo en el universo físico y espiritual. La Luz del Infinito indica que en ese ámbito donde la Luz del Creador es revelada en forma cruda, desnuda, no hay final, limitación o caos de ningún tipo. La Luz del Infinito es la energía total que se recibe en los Mundos. Es todo, excepto las Vasijas (es decir: todo excepto el Deseo de Recibir).

Midrash (**Estudio**) — Un método de interpretar la Biblia, que incorpora relatos y fábulas, yendo a más profundidad que los comentarios convencionales. El *Midrash* consiste de relatos que tocan principalmente la esencia y el espíritu del estudio así como algunos secretos ocultos.

Midrash haNeelam (*El Estudio Oculto*) — Un libro que es una parte del Zóhar Jadash (Zóhar Nuevo). Fue escrito por Rav Shimón bar Yojái tal como lo fueron el Zóhar y el Zóhar Jadash, y es un comentario parcial sobre la Torá y Rollos adicionales. Ver también: **Zóhar**.

Midrash Rabá — Literalmente "el gran estudio o ensayo", es la colección completa del *Midrash* —explicaciones y relaciones más detalladas, reflexiones poéticas y homilías— sobre cada uno de los *Cinco Libros de Moshé*.

Mundo de Acción (*Asiyá*) — El más bajo (de arriba hacia abajo) de los Cinco Mundos Espirituales que emergieron después del *Tsimtsum* (Restricción) de la Vasija en el Mundo Infinito. El Mundo de Acción es la dimensión donde es revelada la menor cantidad de Luz. Esto permite a los seres humanos ejercer su libre albedrío en el discernimiento entre el bien y el mal. Este Mundo también está relacionado con la Sefirá de Maljut (Reino) y es mencionado como el Árbol del Conocimiento del Bien y el Mal. Ver también: **Mundos** (*Olamot*).

Mundo de Creación (*Briá*) — El tercero (de arriba hacia abajo) de los Cinco Mundos Espirituales que aparecieron después del *Tsimtsum* (Restricción). Este Mundo está relacionado con la Sefirá de Biná (Inteligencia) y es un almacén de energía universal. *Briá* está también relacionado con la *Shejiná* y está casi completamente protegido de las *klipot* (cáscaras). Ver también: **Klipot**, **Shejiná**, **Mundos** (*Olamot*).

Mundo de Emanación (*Atsilut*) — El segundo (de arriba hacia abajo) de los Cinco Mundos Espirituales que aparecieron después del *Tsimtsum* (Restricción). En este elevado y el más exaltado Mundo, la Vasija es pasiva en relación con la Luz, permitiendo que la Luz fluya sin ninguna intención particular. Este Mundo está relacionado con la Sefirá de Jojmá (Sabiduría) y está completamente protegido de las *klipot* (cáscaras). Ver también: **Klipot**, **Mundos** (*Olamot*).

Mundo de Formación (*Yetsirá*) — El cuarto (de arriba hacia abajo) de los Cinco Mundos Espirituales que aparecieron después del *Tsimtsum* (Restricción). En tanto que en el Mundo más bajo (Acción) el mal es la fuerza predominante, en el Mundo de Formación el bien es la fuerza predominante. Este Mundo está relacionado con la Sefirá de Zeir Anpín (Cara Pequeña) y a la energía del Escudo de David. Ver también: **Mundos** (*Olamot*).

Mundo del Infinito (*Ein Sof*) — La primera realidad antes del comienzo de la Creación. El nombre en hebreo (*Ein Sof*, literalmente: "sin fin") indica que este Mundo no tiene fin ni limitación de ninguna clase, así que la Luz del Creador resplandece interminablemente. Los mundos que fueron creados después del Mundo del Infinito estaban limitados por la capacidad de sus vasijas para recibir la Luz.

Mundo por Venir — Un reino donde solo la felicidad, la satisfacción, el amor y la alegría existen. Este es el Reino del 99 Por Ciento, de la Luz del Creador. Los kabbalistas explican que el Mundo por Venir existe en todos y cada uno de los momentos de nuestras vidas. Cada acción nuestra crea un efecto que regresa a nosotros ya sea para bien o para mal. A través de la manera como vivimos nuestras vidas, podemos crear mundos conforme a nuestro diseño. El Mundo por Venir es comunmente mencionado como la realidad de la vida después de la vida.

Mundos (*Olamot*) — Un término usado en el *Estudio de las Diez Emanaciones Luminosas* para referirse a los Cinco Mundos Espirituales. Hay cinco canales que traen la Luz hacia abajo a nuestra realidad mundana. Cuando estos canales están llenos de Luz, los llamamos Mundos. Cada mundo representa un nivel diferente de conciencia que está relacionado con un nivel de velo que cubre a la Luz. La palabra *olam* en hebreo significa "desaparición", refiriéndose al hecho de que solamente cuando la Luz es ocultada se puede revelar una realidad. Los

La Luz de la Sabiduría
Sobre la sabiduría, la vida y la eternida

Cinco Mundos Espirituales, desde el más alto hasta el más bajo, son: Hombre Primordial (*Adam Kadmón*), Emanación (*Atsilut*), Creación (*Briá*), Formación (*Yetsirá*) y Acción (*Asiyá*). Ver también: **Klipot**.

Neshamá (**Alma**) — Una chispa del Creador que fue puesta en el cuerpo físico para permitir su trabajo y crecimiento espirituales, de modo que el individuo pueda destacarse, volverse como Dios y adherirse al Creador.

Or Jozer (**Luz Retornante**) — La Luz que rebota de la vasija espiritual que no está lista para recibirla. Nuestra vasija espiritual fue diseñada para recibir la Luz del Creador y manifestar el bien oculto en esta. Una parte de la vasija que no está todavía lista para la Luz la empuja de regreso: Ver también: **Vasija**.

Or Makif (**Luz Circundante**) — La Luz que nos empuja a crecer y revelar nuestra Luz potencial. *Or Makif* se refiere a nuestro potencial y a todo lo que fuimos predestinados a lograr a lo largo de nuestra vida. *Or Makif* está conectada a la Luz cuántica del Creador, que espera ser revelada a través de nuestras acciones positivas.

Or Penimí (**Luz Interior**) — La Luz que hemos ganado a través de nuestras acciones proactivas. Esta Luz es quienes somos y lo que somos; es nuestra experiencia y sabiduría de la vida. Ver: **Luz Circundante**.

Or Yashar (**Luz Directa**) — La Luz del Creador antes de que tenga alguna interacción con una vasija. *Or Yashar* es Luz en su forma cruda, desnuda; no tiene manifestación todavía. Ver también: **Vasija**.

PaRDéS — Con significado literal de "huerto", *PaRDéS* es un acrónimo de las letras iniciales de las cuatro palabras que se refieren a los cuatro niveles de estudio y entendimiento de la Biblia: *Peshat*, *Rémez*, *Derash* y *Sod*. Cada palabra y letra en la Torá puede ser entendida de cuatro maneras diferentes: *Peshat*, el significado simple y literal; *Rémez*, el significado alegórico detrás de las palabras, metáforas que representan un significado elevado; *Derash*, la explicación detallada y los significados homiléticos; y *Sod*, los secretos detrás de las palabras, de donde viene la Sabiduría de la Kabbalah.

Partsuf (Cara) — Una total y completa estructura espiritual de las Diez Sefirot. *Partsuf* representa la cabeza —las Tres Sefirot Superiores— o potencial, y el cuerpo — las Siete Sefirot Inferiores— o real. Hay cinco *Partsufim* (plural de *Partsuf*) en el mundo metafísico: *Arij Anpín* (Cara Larga), *Aba* (Padre), *Ima* (Madre), *Zeir Anpín* (Cara Pequeña), *Nukvá* (Femenino). Ver también: **Diez Sefirot**.

Patriarcas — Avraham, Yitsjak y Yaakov, quienes son los tres pilares de la Torá. Son mencionados como las carrozas y canales para las *sefirot* de Jésed (Columna Derecha), Guevurá (Columna Izquierda) y Tiféret (Columna Central) que podemos usar para alcanzar equilibrio en nuestra vida diaria. Ver también: **Diez Sefirot**.

Penimiyut (**Parte interna de la Torá**) — El significado oculto y la esencia que está oculta dentro del texto de la Torá. Es la fuente de la vida para aquellos que merecen conectarse a esta. La parte externa de la Torá es el entendimiento literal y los relatos de la Torá.

Peshat — El significado simple detrás de las palabras de la Torá y una interpretación literal de sus relatos y eventos. *Peshat* es considerado la piedra angular para las otras tres maneras de entender la Torá. Ver también: **PaRDéS**.

Preceptos — Ver: **613**.

Pri Ets Jayim **(El Fruto del Árbol de la Vida)** — Un libro que fue escrito originalmente por Rav Jayim Vital de las enseñanzas que él oyó del Arí. Hoy en día, está en dos volúmenes, impresos como una parte de los dieciocho volúmenes de los *Escritos del Arí*. *Pri Ets Jayim* enseña las meditaciones para las oraciones y los preceptos de los diferentes eventos cósmicos del año.

Profetas — Hombres o mujeres que estaban tan conectados con Dios que podían hablar con Él, ya sea directamente, a través de un soporte adicional o en sueños. Estos profetas eran la conexión entre los israelitas y Dios. Actualmente, las únicas profecías que existen son a través de nuestros sueños, aunque debido a nuestro ego y deseos egoístas, estos sueños a veces se vuelven confusos y su significado verdadero se pierde o se tergiversa.

Providencia — Todo lo que sucede en esta Tierra es dirigido por la Divina Providencia. El Zóhar nos dice que hasta una simple hoja de hierba tiene su propio ángel individual que le dice que crezca. En resumen, cada acción o evento sucede con la supervisión expresa del Creador Mismo, y no importa cuán malas las cosas pueden parecernos, la Luz del Creador está allí.

Ramak — Acrónimo para Rav Moshé Cordovero (1522-1570), uno de los más importantes kabbalistas y un líder espiritual de Safed en Israel en el siglo XVI. El Ramak fue, por corto tiempo, el maestro de Rav Yitsjak Luria (el Arí).

Rav Avraham Azulái — Un kabbalista de Marruecos (1570-1643) y estudiante de Rav Jayim Vital y su hijo Rav Shmuel Vital. Rav Azulái escribió comentarios sobre el Zóhar, la Biblia, y otros libros kabbalísticos, revelando los secretos de la inmortalidad.

Glosario

Rav Avraham ibn Ezra — Un kabbalista, filósofo, poeta, matemático, astrónomo y astrólogo de España (1089-1164). Ibn Ezra escribió un comentario sobre gran parte de la Biblia, así como libros de astronomía y astrología.

Rav Jayim Vital — El más cercano y principal estudiante del Arí. Bendecido con una memoria increíble, fue capaz de poner por escrito todo lo que el Arí le enseñó durante los dos años que estuvieron juntos antes del fallecimiento del Arí, lo cual resultó en los dieciocho volúmenes de los *Escritos del Arí*.

Rav Meir Paprish — Un kabbalista de Polonia (1624-1662) y esudiante de Rav Yaakov Tsémaj. Después de viajar a Damasco y leer los escritos de Rav Shmuel Vital, decidió entonces editar los *Escritos del Arí* en tres libros: *Ets Jayim, Pri Ets Jayim* y *Nof Ets Jayim*. Rav Meir escribió treinta y nueve libros en total, pero no todos fueron impresos.

Rav Moshé Botarel — Un kabbalista español de finales del siglo XIV y principio del siglo XV. Rav Moshé es famoso por su comentario sobre el *Libro de la Formación (Séfer Yetsirá)*. Ver también: **Libro de la Formación**.

Rav Shmuel Vital — Un kabbalista de Damasco, Siria (1598-1677), hijo de Rav Jayim Vital. Redactó la compilación que hizo su padre de las enseñanzas del Arí para volverse en los *Escritos del Arí* que conocemos hoy. La fuente más confiable para los escritos de su padre, Rav Shmuel mismo escribió muchos libros, aunque la mayor parte de ellos nunca fueron publicados. Entre sus libros publicados están los famosos *Ocho Puertas*, ocho volúmenes que son el texto compilado más inclusivo que tenemos hoy de las palabras del Arí. Ver también: ***Introducción a las Puertas***.

Rav Yaakov Tsémaj — Un kabbalista y doctor de Portugal (1570-1667) y estudiante de Rav Shmuel Vital. Ambos, maestro y estudiante, junto con Rav Avraham Azulái, fueron a la tumba de Rav Jayim Vital, y por medio de oraciones y conexiones especiales, Rav Jayim Vital se reveló y les dio permiso —años después de su fallecimiento— de tomar sus escritos del lugar donde fueron ocultados, compilarlos y publicarlos.

Reino Animal — El tercero de los Cuatro Reinos (Inanimado, Vegetal, Animal, Hablante), con una capacidad mayor de Deseo de Recibir que los reinos Inanimado y Vegetal, pero con menor capacidad que el Reino Hablante. Ver también: **Reino Hablante, Reino Inanimado, Reino Vegetal.**

Reino Hablante — El más elevado nivel de conciencia y Deseo de Recibir de los Cuatro Reinos (Inanimado, Vegetal, Animal, Hablante). Los humanos tienen el mayor Deseo de Recibir de cualquiera de la creación, y son descritos en este Reino como aquellos que pueden hablar. Los humanos son únicos en que ellos pueden usar la fuerza de la palabra hablada tanto para crear como para destruir. Ver también: **Reino Animal, Reino Inanimado, Reino Vegetal.**

Reino Inanimado — De los Cuatro Reinos (Inanimado, Vegetal, Animal y Hablante), este es el nivel más bajo, representando la intensidad más baja del Deseo de Recibir. Ver también: **Reino Animal, Reino Hablante** y **Reino Vegetal.**

Reino Vegetal — De los cuatro Reinos (Inanimado, Vegetal, Animal y Hablante), este es el segundo nivel, con un Deseo de Recibir más intenso que el del Reino Inanimado, pero menos deseo que el de los Reinos Animal y Hablante. Ver también: **Reino Animal, Reino Inanimado, Reino Hablante.**

Glosario

Rémez (**Pista o Idea**) — El segundo nivel del *PaRDéS*, *Rémez* es el significado oculto detrás de las palabras de la Torá. Ver también: **PaRDéS**.

Restricción — Ver: *Tsimtsum*

Rishonim (**Primeros**) — Los grandes comentaristas sobre la Mishná y el Talmud que vivieron entre los siglos XI y XV de la Era Común. Entre los más prominentes *Rishonim* están Rashí y los sabios que escribieron las *Tosafot*. Ver también: **Tosafot**.

Rompimiento de las Vasijas — Un evento que tuvo lugar antes de la Creación, cuando las Vasijas espirituales se rompieron como resultado de una sobrecarga de Luz del Creador que no pudieron manejar y contener. Las chispas de Luz de este rompimiento cayeron en los Niveles Inferiores y fueron cubiertas por las *klipot* (literalmente "velos": las entidades negativas que cubren la Luz del Creador tal como la cáscara de una fruta cubre la fruta). El Rompimiento de las Vasijas dio paso a una nueva realidad, en la cual a las Vasijas se les dio la elección, a través del proceso de *Tikún*, para determinar la cantidad de Luz que deseaban contener.

Sabiduría de la Verdad — Otro término para la Sabiduría de la Kabbalah, así llamada porque la verdad es algo que no es subjetivo ni inconsistente. La verdad es una constante y no cambia debido a las influencias humanas.

Sabios — Kabbalistas del tiempo del Segundo Templo que eran individuos muy inteligentes que nos legaron sabiduría profunda y muchas lecciones encontradas en la Mishná y el Talmud.

Sefirot — Ver: **Diez Sefirot**, *Tet Sefirot*.

Shas — Un acrónimo para las palabras hebreas *Shishá Sedarim* los seis órdenes de la Mishná. El *Shas* es la primera parte de la Torá Oral, que fue dada a Moshé en el Monte Sinaí pero que no incluía la Torá Escrita (es decir: los *Cinco Libros de Moshé*). Cada uno de los seis órdenes de la Mishná consiste de varios tratados que enseñan conducta moral pertinente a varias áreas de nuestra vida. La Mishná fue compuesta por los *tanaim*, kabbalistas que vivieron en Israel entre los años 180 AEC y 200 EC. Ver también: **Tratado y accesos para los tratados individuales.**

Shejiná (**Presencia Divina**) — La Luz del Creador cuando está en su frecuencia más cercana al mundo físico. La *Shejiná* también es el alma colectiva de todos los israelitas. La *Shejiná* corresponde al aspecto femenino de la Luz del Creador, y muchos escritos se refieren a la unión entre Dios y la *Shejiná*. Asimismo, la *Shejiná* es una división de protección del Creador para todos aquellos que se conectan al Árbol de la Vida.

Shir haYijud (**El Canto de la Unión**) — Un canto que fue escrito por un kabbalista del siglo XII o XIII, aunque no se sabe qué kabbalista lo escribió. El *Shir haYijud* contiene siete versos para los siete días de la semana. En muchas congregaciones en la actualidad, se lee, de diferentes maneras, como parte de la conexión de Shabat.

Shlaj Lejá — La cuarta porción en el *Libro de Números*. *Shlaj Lejá* es mejor conocido por su relato acerca del viaje y sus consecuencias para los doce espías (las cabezas de las Doce Tribus) a quienes Moshé envió para que exploraran la Tierra de Canaán (Israel).

Similitud de Forma — El estado de ser como el Creador. El Creador es un Ser completamente dador. Esa es Su Forma. Cuando actuamos desinteresadamente y no sucumbimos al Deseo de Recibir para Sí Mismo, estamos en Similitud de Forma con el Creador. Nos estamos adhiriendo a Él, acercándonos a Su esplendor Celestial. Ver también: **Adhesión**, **Diferencia de Forma**.

Sitra Ajra (**Otro Lado**) — De acuerdo con la Kabbalah, el mundo está hecho de opuestos: positivo y negativo, bueno y malo. La Luz del Creador representa el lado de la positividad, el orden y la claridad, mientras que la *Sitra Ajra* (el Otro Lado) representa la negatividad, la oscuridad y el caos. La *Sitra Ajra* necesita una fuente de energía, pero no puede alimentarse directamente de la Luz del Creador. Cada vez que hacemos una elección equivocada o nos alteramos y actuamos reactivamente, la *Sitra Ajra* puede sacar ventaja de esto y succionar la Luz de nosotros.

Sod — El cuarto nivel del *PaRDéS* (es decir: las cuatro maneras de interpretar cada palabra y oración en la Torá). *Sod* es los Secretos de la Torá, la Sabiduría de la Kabbalah. Estudiar el *Sod* requiere un elevado nivel de pureza del cuerpo y de la mente, y es enseñado uno a uno por un maestro kabbalista a su estudiante. Ver también: **PaRDéS**.

Taaméi Torá — La sabiduría revelada de la Kabbalah y la Torá. Todos los secretos y enseñanzas de la Kabbalah y la Torá pueden ser divididos en dos categorías: *Sitréi Torá* y *Taaméi Torá*. Literalmente "sabor o significado de la Torá", *Taaméi Torá* se refiere a las enseñanzas de la Torá donde hay una explicación clara y comprensible para cada conexión que hacemos en nuestra vida diaria a través del estudio y la realización de los Preceptos. Estas enseñanzas usualmente no están ocultas y son del conocimiento de todos. Ver: **Torá Oculta**.

Tazría (**Mujer que Concibe**) — Esta es la cuarta porción del *Libro de Levítico* en la Torá y habla acerca de las leyes de pureza para una mujer que ha dado a luz recientemente, junto con las leyes pertinentes a la lepra y el leproso.

Teshuvá (**Arrepentimiento**) — Significa literalmente "regreso", *Teshuvá* es el proceso de regresar a una fase anterior donde las cosas estaban conectadas a la fuente. Cuando hacemos "cortocircuito" (es decir:

hacemos una elección equivocada) y nos conducimos con egoísmo, nos desconectamos de la Luz del Creador y atraemos el caos. La *Teshuvá* está diseñada para revertir nuestra conciencia negativa a través de una transformación positiva, permitiéndonos así reconectarnos con la Luz del Creador. Cuando aceptamos la responsabilidad y asumimos nuestros errores pasados, eliminamos preventivamente cualquier caos y dolor que podamos encarar en el futuro como resultado de nuestra negatividad. Ver también: **Adhesión**.

Tet Sefirot — Los nueve niveles superiores de las Diez Sefirot; estas nueve *sefirot* están constantemente conectadas a la Luz del Creador. La *sefirá* del décimo y más bajo nivel es Maljut, que se conecta y desconecta a veces de la Luz; Maljut es el único nivel de las Diez Sefirot que incluye caos y oscuridad.

Tikún (**Corrección**) — El proceso por medio del cual corregimos, purificamos y elevamos nuestra alma. Vinimos a este mundo a "corregir" los aspectos egoístas de nuestra naturaleza y a transformarnos en seres de compartir. Así, todo lo que experimentamos en la vida —bueno o malo— es un *Tikún*. El propósito de este proceso es traer a todo ser humano, junto con todo el universo, a la perfección. El proceso también es conocido como karma y el propósito de la reencarnación.

Tikunéi haZóhar (**Correcciones al Zóhar**) — Este libro trata el mismo tema general que el Zóhar, pero está escrito como 72 comentarios sobre "Bereshit", la primera palabra del *Libro de Génesis* (en hebreo: *Bereshit*). *Tikunéi haZóhar* discurre sobre enseñanzas específicamente dirigidas a la Era de Acuario. Esta es la primera enseñanza que Rav Shimón bar Yojái recibió en la cueva donde vivió por años ocultándose de los romanos.

Torá Oculta (*Sitréi* **Torá**) — Aspectos de la Torá cuyo significado está oculto (también llamados los Secretos de la Torá o *Sitréi* Torá). La Torá

Oculta es esencialmente una referencia a la Sabiduría de la Kabbalah. Una razón por la cual la Kabbalah es mencionada como la Torá Oculta es porque la Kabbalah está escondida del entendimiento inmediato y literal de la Torá. Otra razón es que el Creador está ocultándose en la Torá. Para penetrar en la Torá Oculta, uno necesita un cierto nivel de pureza, una forma de conducta positiva y un maestro kabbalista como guía. Ver: **Taaméi Torá**, **Torá Revelada**.

Torá Revelada — El significado literal simple de la Torá escrita, la Mishná y el Talmud. Ver también: **PaRDéS**.

Tosafot — Literalmente significa "adiciones", *Tosafot* es una compilación de comentarios sobre la Guemará (Talmud) cuyos autores fueron más de cien sabios. El principal entre estos sabios era el nieto de Rashí, Rav Shmuel ben Meir, también conocido como el Rashbam, quien escribió la mayoría de los comentarios, los cuales toman la forma de comentarios críticos y explicativos.

Tratado — El Talmud y la Mishná están cada uno divididos en seis secciones llamadas órdenes, y cada orden está dividida en subsecciones llamadas *maséjet* o tratado. A cada subsección o tratado se le dio un nombre que describe el asunto bajo discusión.

Tratado *Avot* (Padres) — También conocido como *Pirkéi Avot* (*Lecciones de Nuestros Padres*), este es uno de los muy pocos tratados en la Mishná que no tiene un comentario de Guemará en este. Este tratado consiste de principios morales y éticos y dichos sabios con los cuales vivir.

Tratado *Nidá* (Menstruación) — Este tratado discute las leyes de *nidá* (menstruación) para ambas mujeres, casadas y solteras. El enfoque principal de la discusión es los asuntos sexuales y la pureza.

La Luz de la Sabiduría
Sobre la sabiduría, la vida y la eternida

Tratado *Quetuvot* (Contrato Matrimonial) — *Quetuvot* es el plural de *quetuvá*, un documento en el matrimonio israelita que resume los derechos y responsabilidades de un esposo en relación con su desposada. El Tratado *Quetuvot* es el segundo tratado del orden tercero de la Mishná y enseña las leyes y obligaciones morales y materiales de un esposo con su esposa y viceversa.

Tratado *Sanhedrín* (Asamblea) — El cuarto tratado del cuarto orden de la Mishná, este tratado se ocupa principalmente de los tecnicismos de la ley criminal dentro de la comunidad israelita.

Tratado *Shabat* — El primer tratado del segundo orden de la Mishná, este tratado enseña las leyes de Shabat, delineando las obligaciones y las prohibiciones que se aconseja seguir para conectarse mejor con la energía que está disponible en Shabat.

Tratado *Uktsín* — El último tratado del orden sexto de la Mishná (el orden que cubre las *Taharot* o Purezas), este tratado discute las leyes pertenecientes a la impureza que se encuentra en los tallos o las cortezas de las frutas y vegetales. No hay comentario de Guemará en este tratado.

Tratado *Yevamot* (Matrimonio de Levirato) — El Tratado *Yevamot* es el primer tratado del tercer orden de la Mishná y enseña las leyes del matrimonio de levirato, donde la ley de la Torá obliga al hermano de un fallecido a casarse con su viuda si este muere sin hijos. *Yevamot* también enseña las leyes pertinentes al incesto, así como a las esposas abandonadas.

Tsimtsum (**Restricción**) — El rechazo o restricción voluntaria de la Vasija de la Divina Luz del Mundo Infinito debido al concepto del Pan de la Vergüenza y al deseo de la Vasija de ser independiente y ser como Dios. En el mundo físico inferior, esta restricción, si no se hace voluntariamente, es impuesta. La restricción constituye una de las reglas básicas por medio de las cuales nuestra realidad mundana opera.

Vasija — Todo ser creado, físico o espiritual, es llamado Vasija. Es una entidad que fue diseñada para revelar una cierta Luz. El "tamaño" o *komá* espiritual de la Vasija determina la cantidad de Luz que está destinada a revelar.

Yaakov el Patriarca — Uno de los tres Patriarcas de la Torá, Yaakov era el hijo de Yitsjak y el padre de las doce tribus de Israel. Debido a que tuvo que ocultarse lejos de su hermano por veinte años y encarar otros retos graves la mayor parte de su vida, Yaakov vivió una vida de restricción. Sin embargo, él mantuvo confianza absoluta en el Creador y, por lo tanto, nunca se desconectó de la Luz del Creador. Yaakov es una carroza y una conexión con la Sefirá de Tiféret, la cual representa equilibrio y certeza absoluta. Ver también: **Diez Sefirot**.

Yitsjak el Patriarca — Uno de los tres Patriarcas de la Torá, Yitsjak fue el hijo de Avraham y el padre de Yaakov. Aprendemos acerca del espíritu de Yitsjak del relato bíblico de la Atadura de Yitsjak, donde él mostró coraje y se apartó de sus intenciones personales. Yitsjak es una carroza para la Sefirá de Guevurá. Conectarnos con él puede darnos la valentía y la capacidad para vencer los retos y las dificultades. Ver también: **Diez Sefirot**.

Zóhar (Libro del Esplendor) — El libro principal de la Kabbalah. El Zóhar fue escrito por el gran sabio Rav Simón bar Yojái, quien vivió en el siglo II EC. Esta obra de veintitrés volúmenes es la base y fuente de todas las enseñanzas de la Kabbalah que tenemos hoy. De acuerdo con los kabbalistas, se pueden obtener muchos beneficios a través de la lectura del Zóhar o hasta simplemente recorriendo visualmente sus palabras.

Acerca del Autor

Nacido en Polonia en 1886, el **Kabbalista Rav Yehuda Áshlag** es reverenciado por los estudiantes de Kabbalah como uno de los más profundos místicos y maestros espirituales del siglo XX. Entre sus muchos logros estuvo la primera traducción del Zóhar de su original arameo al hebreo.

Rav Áshlag sentía una necesidad poderosa de revelar la sabiduría de la Kabbalah a las masas, lo cual había sido prohibido anteriormente. Este deseo lo condujo a fundar el Centro de Kabbalah en Jerusalén en 1922, haciendo la sabiduría ampliamente accesible por vez primera, y entregando así un legado que continúa hasta este día a través del Centro de Kabbalah Internacional, sus maestros y estudiantes en todo el mundo. El fue el maestro y el patrón espiritual de Rav Yehuda Brandwein, a quien se le confirió la dirección del Centro cuando Rav Áshlag murió en 1954. A su vez, cuando Rav Brandwein murió en 1969, designó al Kabbalista Rav Berg para conducir el Centro.

Más libros que pueden ayudarte a incorporar la sabiduría de la Kabbalah a tu vida

Los Secretos del Zóhar: Relatos y meditaciones para despertar el corazón
Por Michael Berg

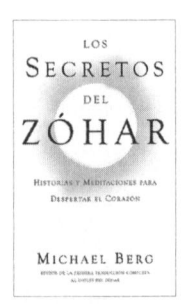

Los secretos del *Zóhar* son los secretos de la Biblia, trasmitidos como tradición oral y luego recopilados como un texto sagrado que permaneció oculto durante miles de años. Estos secretos nunca han sido revelados como en estas páginas, en las cuales se descifran los códigos ocultos tras las mejores historias de los antiguos sabios, y se ofrece una meditación especial para cada uno de ellos. En este libro, se presentan porciones enteras del *Zóhar* con su traducción al arameo y al inglés en columnas contiguas. Esto te permite escanear y leer el texto en voz alta para poder extraer toda la energía del *Zóhar*, y alcanzar la transformación espiritual. ¡Abre este libro y tu corazón a la Luz del *Zóhar*!

La Sabiduría de la Verdad: 12 Ensayos del Santo Kabbalista Rav Yehuda Áshlag
Por Michael Berg

Rav Yehuda Áshlag, uno de los místicos más versados del siglo XX, es reverenciado por los estudiantes de Kabbalah aun en la actualidad debido a su habilidad especial para hacer inteligibles conceptos complejos. *La Sabiduría de la Verdad* contiene 12 ensayos de Rav Áshlag los cuales cubren todas las verdades básicas de la Kabbalah. Esta nueva traducción del hebreo original ha sido reeditada completamente por el erudito en temas de Kabbalah, Michael Berg, quien también ha proporcionado una introducción útil para la obra.

La Educación de un Kabbalista
Por Rav Berg

En estas memorias, Rav Berg expone el profundo vínculo entre maestro y estudiante, ilustrando un hermoso retrato de uno de los más grandes Kabbalistas de nuestra era: Rav Yehuda Tzvi Brandwein. Ambientado en Israel durante los turbulentos días anteriores y posteriores a la Guerra de los Seis Días, este libro recuenta el desarrollo de la relación especial entre Rav Berg y Rav Brandwein, y comparte las enseñanzas provenientes de dicha relación. En estas páginas percibimos la pasión de estos Kabbalistas por llevar la sabiduría ancestral de la Kabbalah al mundo contemporáneo. Este es el viaje espiritual que resultó en la transferencia del liderazgo del Centro de Kabbalah de parte de Rav Brandwein a manos de Rav Berg.

Kabbalah y Shabat
Por Yehuda Berg

La Kabbalah nos enseña que el sábado, o *Shabat*, es el día más poderoso de la semana debido a que este período entre el atardecer del viernes y el anochecer del sábado es el único momento en el que el mundo espiritual y el físico están unidos. Esto significa que este día, cada semana, podemos trascender nuestra realidad en la medida que nuestra alma se eleva, teniendo acceso al poder especial de *Shabat*. La conexión con la Fuerza de Luz del Creador ocurre de forma libre y continua a lo largo de estas 24 horas, dándonos a todos la oportunidad de rejuvenecer nuestra alma para la próxima semana.

Cuando leas este libro, descubrirás la energía especial que este día proporciona, así como la conciencia necesaria para enriquecer tu experiencia y conexión con *Shabat*.

Dios usa lápiz labial
Por Karen Berg

Este revolucionario y exitoso libro revela el poder que es innato en cada mujer. Desde una perspectiva kabbalística, Karen Berg explica el significado profundo de la vida y ofrece soluciones tangibles a los problemas que enfrentan las mujeres hoy en día. Karen indaga en el propósito espiritual de las relaciones –alcanzar nuestro potencial más elevado– y la mejor forma de enriquecer nuestra conexión con nuestro propio ser, nuestra pareja, nuestros hijos y Dios.

El Poder de la Kabbalah (Revisado y Actualizado)
Por Yehuda Berg

La realidad que conocemos es la realidad física, es decir, la realidad en la que vivimos. Sin embargo, hay otra dimensión, el mundo más allá de los cinco sentidos. Todo lo que realmente deseamos: amor, felicidad, paz mental, libertad, inspiración y respuestas, todo está a nuestro alcance cuando nos conectamos con esta otra realidad. El problema es que la mayoría de nosotros se desconectó de esa dimensión sin querer. Imagina que fuese posible tener acceso a esa fuente a voluntad y continuamente, ese es el poder de la Kabbalah. Este libro fundamental tiene nuevo contenido y es más aplicable a los desafíos actuales. Usa los ejercicios presentes en el libro para liberarte de creencias y hábitos comunes que te llevan a tomar malas decisiones. Los lectores descubrirán cómo hacer que sus acciones vayan de acuerdo con su propósito principal y serán más concientes de las posibilidades infinitas dentro de su propia vida.

El Zóhar

Creado hace más de 2.000 años, el *Zóhar* es un compendio de 23 volúmenes y un comentario sobre asuntos bíblicos y espirituales, escrito en forma de conversaciones entre maestros. Fue entregado por el Creador a la humanidad para traernos protección, para conectarnos con la Luz del Creador y, finalmente, cumplir nuestro derecho de nacimiento: transformarnos. El *Zóhar* es una herramienta efectiva para alcanzar nuestro propósito en la vida.

Hace más de ochenta años, cuando el Centro de Kabbalah fue fundado, el *Zóhar* había desaparecido virtualmente del mundo. Hoy en día, todo eso ha cambiado. A través de los esfuerzos editoriales de Michael Berg y El Centro de Kabbalah, el *Zóhar* está disponible en su arameo original y, por primera vez, en inglés y español con comentario.

Enseñamos Kabbalah, no como un estudio académico, sino como un camino para crear una vida mejor y un mundo mejor.

QUIÉNES SOMOS:

El Centro de Kabbalah es una organización sin fines de lucro que hace entendibles y relevantes los principios de la Kabbalah para la vida diaria. Los maestros del Centro de Kabbalah proveen a los estudiantes con herramientas espirituales basadas en principios kabbalísticos que los estudiantes pueden aplicar como crean conveniente para mejorar sus propias vidas y, al hacerlo, mejorar el mundo. El Centro fue fundado en el año 1922 y actualmente se expande por el mundo con presencia física en más de 40 ciudades, así como una extensa presencia en internet. Para conocer más, visita es.kabbalah.com.

QUÉ ENSEÑAMOS

Existen cinco principios centrales:

- **Compartir:** Compartir es el propósito de la vida y la única forma de verdaderamente recibir realización. Cuando los individuos comparten, se conectan con la fuerza energética que la Kabbalah llama Luz, la Fuente de Bondad Infinita, la Fuerza Divina, el Creador. Al compartir, uno puede vencer el ego, la fuerza de la negatividad.

- **Conocimiento y balance del Ego:** El ego es una voz interna que dirige a las personas para que sean egoístas, de mente cerrada, limitados, adictos, hirientes, irresponsables, negativos, iracundos y llenos de odio. El ego es una de las principales fuentes de problemas ya que nos permite creer que los demás están separados de nosotros. Es lo contrario a compartir y a la humildad. El ego también tiene un lado positivo, lo motiva a uno a tomar acciones. Depende de cada individuo escoger actuar para ellos mismos o considerar también el bienestar de otros. Es importante estar conscientes de nuestro ego y balancear lo positivo y lo negativo.

- **La existencia de las leyes espirituales:** Existen leyes espirituales en el universo que afectan la vida de las personas. Una de estas es la Ley de causa y efecto: lo que uno da es lo que uno recibe, o lo que sembramos es lo que cosechamos.

- **Todos somos uno:** Todo ser humano tiene dentro de sí una chispa del Creador que une a cada uno de nosotros a una totalidad. Este entendimiento nos muestra el precepto espiritual de que todo ser humano debe ser tratado con dignidad en todo momento, bajo cualquier circunstancia. Individualmente, cada uno es responsable de la guerra y la pobreza en todas partes en el mundo y los individuos no pueden disfrutar de la verdadera realización duradera mientras otros estén sufriendo.

- **Salir de nuestra zona de comodidad puede crear milagros:** Dejar la comodidad por el bien de ayudar a otros nos conecta con una dimensión espiritual que atrae Luz y positividad a nuestras vidas.

CÓMO ENSEÑAMOS

Cursos y clases. A diario, el Centro de Kabbalah se enfoca en una variedad de formas para ayudar a los estudiantes a aprender los principios kabbalísticos centrales. Por ejemplo, el Centro desarrolla cursos, clases, charlas en línea, libros y grabaciones. Los cursos en línea y las charlas son de suma importancia para los estudiantes ubicados alrededor del mundo quienes quieren estudiar Kabbalah pero no tienen acceso a un Centro de Kabbalah en sus comunidades.

Eventos. El Centro organiza y dirige una variedad de eventos y servicios espirituales semanales y mensuales en donde los estudiantes pueden participar en charlas, meditaciones y compartir una comida. Algunos eventos se llevan a cabo a través de videos en línea en vivo. El Centro organiza retiros espirituales y tours a sitios energéticos, los cuales son lugares que han sido tocados por grandes Kabbalistas. Por ejemplo, los tours se llevan a cabo en lugares en donde los kabbalistas pudieron haber estudiado o han sido enterrados, o en donde los textos antiguos como el *Zóhar* fueron escritos. Los eventos internacionales proveen a los estudiantes de todo el mundo la oportunidad de hacer conexiones con energías únicas disponibles en ciertas épocas del año. En estos eventos, los estudiantes se reúnen con otros estudiantes, comparten experiencias y construyen amistades.

Voluntariado. En el espíritu del principio Kabbalístico que enfatiza el compartir, el Centro provee un programa de voluntariado para que los estudiantes puedan participar en iniciativas caritativas, las cuales incluyen compartir la sabiduría de la Kabbalah a través de un programa de mentores. Cada año, cientos de voluntarios estudiantes organizan proyectos que benefician sus comunidades tales como alimentar a las personas sin hogar, limpiar playas y visitar pacientes de hospitales.

Uno para cada uno. El Centro de Kabbalah busca asegurar que cada estudiante sea apoyado en su estudio. Maestros y mentores son parte de la infraestructura educativa que está disponible para los estudiantes 24 horas al día, siete días a la semana. Cientos de maestros están disponibles a nivel mundial para los estudiantes así como programas de estudio para que continúen su desarrollo. Las clases se realizan en persona, vía telefónica, en grupos de estudio, a través de seminarios en línea, e incluso con estudios auto dirigidos en formato audio o en línea.

Programa de mentores. El programa de mentores del Centro provee a nuevos estudiantes con un mentor para ayudarlo a comprender mejor los principios y las enseñanzas kabbalísticas. Los mentores son estudiantes experimentados quienes están interesados en apoyar a nuevos estudiantes.

Publicaciones. Cada año, el Centro traduce y publica algunos de los más desafiantes textos para estudiantes avanzados incluyendo el *Zóhar*, los *Escritos del Arí*, y las *Diez Emanaciones Luminosas* con comentario. Extraído de estas fuentes, el Centro de Kabbalah publica libros anualmente en más de 30 idiomas y a la medida de estudiantes principiantes e intermedios, las publicaciones son distribuidas alrededor del mundo.

Proyecto *Zóhar*. el *Zóhar*, texto principal de la sabiduría kabbalística, es un comentario de temas bíblicos y espirituales, compuesto y compilado hace más de 2000 años y es considerado una fuente de Luz. Los kabbalistas creen que cuando es llevado a áreas de oscuridad y de agitación, el *Zóhar* puede crear cambios y traer mejoras. El Proyecto *Zóhar* del Centro de Kabbalah comparte el *Zóhar* en 30 países distribuyendo copias gratuitas a organizaciones e individuos como reconocimiento de sus servicios a la comunidad y en áreas donde hay peligro. Más de 400,000 copias del *Zóhar* fueron donadas a hospitales, embajadas, sitios de oración, universidades, organizaciones sin fines de lucro, servicios de emergencia, zonas de guerra, locaciones de desastres naturales, a soldados, pilotos, oficiales del gobierno, profesionales médicos, trabajadores de ayuda humanitaria, y más.

Apoyo al estudiante:

Como la Kabbalah puede ser un estudio profundo y constante, es útil tener a un maestro durante el viaje de adquisición de sabiduría y crecimiento. Con más de 300 maestros a nivel internacional trabajando para más de 100 localidades, en 20 idiomas, siempre hay un maestro para cada estudiante y una respuesta para cada pregunta. Todos los instructores de Apoyo al Estudiante han estudiado Kabbalah bajo la supervisión del Kabbalista Rav Berg. Para más información:

apoyo@kabbalah.com
twitter: @aprendekabbalah
es.kabbalah.com/ubicaciones
es.kabbalah.com

Información de contacto de Centros y Grupos de Estudio

ARGENTINA:

Buenos Aires
Teléfono: +54 11 4771 1432 /
47774106 / 47729224
kcargentina@kabbalah.com
Facebook: KabbalahArg
Twitter: KabbalahArg

Corrientes
Teléfono: +54 3794 603 222

BOLIVIA:

La Paz
Teléfono: 591 2 2771631

CHILE:

Teléfono: 222152737
kcchile@kabbalah.com
Facebook: Centro de Kabbalah de Chile
Twitter: kabbalah_chile

COLOMBIA:

Bogotá
Teléfonos: +57 1 616 8604 /
+57 1 649 6694
kcbogota@kabbalah.com
Facebook: Centro de Kabbalah Bogotá
Twitter: kabbalah_Co

Cali
Teléfono: 572 374 61 71

Medellín
Teléfonos: +57 4 311 9004 /
+57 313 649 2898
kcmedellin@kabbalah.com
Facebook: Centro de Kabbalah Medellín

ESPAÑA:

Madrid
Teléfono: +34 9 1188 3526
kcspain@kabbalah.com
Facebook: Kabbalah Centre Spain
Twitter: KabbalahCentreSpain

MÉXICO:

D.F.
Teléfono: +52 55 5280 0511
kcmexico@kabbalah.com
Facebook: kabbalahmexico
Twitter: kabbalahmx

Guadalajara
Teléfonos: +52 33 3123 0976 /
+52 33 2014 4063
kcguadalajara@kabbalah.com
Facebook: Centro de Kabbalah Guadalajara
Twitter: kabbalahgdl

Mérida
kabbalahmerida@gmail.com
Facebook: Grupo de Kabbalah Merida

Monterrey
cursos@kabbalahmonterrey.com
Facebook: Grupo de Estudio Kabbalah Monterrey
Twitter: kabbalahmx

San Luis Potosí
kcsanluispotosi@kabbalah.com

Veracruz
Teléfonos: (55) 3466 7042 / (229) 265 7345
kabbalah.veracruz@gmail.com
Facebook: Kabbalah Veracruz
Twitter: kabbalahver

PANAMÁ:

Ciudad de Panamá
Teléfono: +507 396 5270
kcpanama@kabbalah.com
Facebook: Centro de Kabbalah de Panamá
Twitter: Kabbalah_Panama

PARAGUAY:

Asunción
Teléfono: +595 971 666 997 / +595 981 576 740
kcparaguay@gmail.com
Facebook: Kabbalah Centre Paraguay

PERÚ:

Lima
Teléfono: +51 1 422 2934
peru@kabbalah.com
Facebook: Centro de Kabbalah Perú
Twitter: kabbalahperu

PUERTO RICO:

San Juan
Teléfono: +1 787 717 0281
kcpuertorico@kabbalah.com
Facebook: Kabbalah Puerto Rico
Twitter: kabbalahpr

VENEZUELA:

Caracas
Teléfono: +58 212 267 7432 / 8368
caracastkc@kabbalah.com
Facebook: Centro Kabbalah Venezuela
Twitter: KabbalahVe

Maracay
Teléfono: +58 243-2685005
kc.maracay@kabbalah.com
kabbalahmaracay@yahoo.com

Valencia
Teléfono: +58 241 843 1746
venezuelatkc@kabbalah.com

CENTROS EN EUA:

Boca Ratón, FL +1 561 488 8826
Miami, FL +1 305 692 9223
Los Ángeles, CA +1 310 657 5404
Nueva York, NY +1 212 644 0025

CENTROS INTERNACIONALES:

Londres, Inglaterra +44 207 499 4974
París, Francia +33 6 6845 5141
Toronto, Canadá +1 416 631 9395
Tel Aviv, Israel +972 3 5266 800